LA GRANDE HISTOIRE DES CODES SECRETS

LAURENT JOFFRIN

LA GRANDE HISTOIRE DES CODES SECRETS

PRIVÉ

Ouvrage publié
sous la direction de Sophie Charnarel

INTRODUCTION

L'esprit humain aime les énigmes. Sans doute parce qu'il est incapable de déchiffrer celles de l'univers, il se plaît à jouer avec celles qu'il a lui-même conçues. Il sait que la solution existe quelque part, puisqu'elle était connue par son créateur. Rassurante certitude qui contraste avec l'angoisse métaphysique dispensée par l'insondable mystère de l'Être... Comme les enfants aiment rêver les aventures qu'ils auraient peur de vivre en réalité, les adultes adorent se lancer dans des labyrinthes dont ils savent que la sortie existe. Ils sont perdus, mais ils peuvent quand ils le souhaitent tirer sur le fil d'Ariane. La vérité n'est pas hors d'atteinte et une patiente réflexion y conduira. La raison triomphera de l'ignorance. Le progrès existe, l'humanité avance, même si toujours l'horizon se dérobe. L'esprit choisit le jeu pour éviter la peur...

De ces délassements plus philosophiques qu'il n'y paraît, la cryptanalyse est l'un des plus fascinants. Ses énigmes ont le charme des civilisations disparues, des chasses au trésor, des intrigues d'espionnage, des rites ésotériques. Au premier abord elles sont impénétrables, comme la langue des Étrusques, la culture minoenne ou la quadrature du cercle. Pourtant on sait qu'elles céderont un jour, question de temps, d'intelligence et d'intuition. La recherche est d'abord aride, fastidieuse, décourageante. Mais quand soudain un rai de lumière apparaît dans l'obscurité, quand un indice effleure le regard, quand une hypothèse prend corps, l'excitation est sans pareille, quoique toute intellectuelle. On se sent Champollion, Sherlock Holmes ou Rouletabille, on vit en miniature l'émotion des grands découvreurs, on brandit une torche dans un tombeau oublié. Car la cryptanalyse n'est pas seulement un de ces divertissements d'après-midi oisif, un passe-temps pour un trajet en train ou en avion. Elle est en prise avec l'Histoire. À la différence des mots croisés, des problèmes d'échecs ou des tests d'intelligence, elle porte en elle l'éternelle passion des hommes pour l'affrontement violent. Comme la géographie, la cryptanalyse sert, d'abord, à faire la guerre.

Comment communiquer avec le lointain allié sans que l'ennemi puisse se saisir du message ? Cette question simple a provoqué une joute multiséculaire, comparable à celle du canon et de la cuirasse, de la forteresse et de l'artillerie. Entre les rédacteurs de codes (les cryptographes) et ceux qui veulent les briser (les cryptanalystes), un conflit a commencé dans l'Antiquité pour se terminer dans les toutes dernières décennies du XXe siècle, quand l'ordinateur a donné au cryptographe un avantage définitif. Pendant plus de deux mille ans, donc, les textes codés ont offert à la sagacité des « casseurs de code » une résistance acharnée mais, immanquablement, au bout d'un mois ou d'un siècle, toujours surmontée. César, dit-on, fut le premier utilisateur de la langue cryptée. Hypothèse hasardeuse puisqu'il est infiniment probable que les généraux qui l'ont précédé et qui n'étaient pas manchots, tels Thémistocle, Hannibal, Scipion ou Alexandre, s'étaient penchés avant lui sur cette lancinante question de la sécurité des transmissions pendant une campagne militaire. Mais enfin, les premiers témoignages sur l'existence de codes secrets datant de César, on tiendra pour utile sinon certain ce fragile point de départ. César avait inventé un code, le père de tous les codes.

Ici survient une énigme supplémentaire dans le cours de ces énigmes successives : le code de César, dont chacun constatera qu'il est d'une simplicité romaine sinon évangélique, est de loin l'un des plus faciles à briser. Il suffit de lui appliquer cet axiome de base de la cryptologie qui veut que dans une langue quelconque les lettres qui la composent n'apparaissent pas avec la même fréquence (en français, le « e » revient plus souvent que le « z », par exemple) et donc qu'il suffit de connaître la fréquence moyenne de chaque lettre pour se jouer de tout code qui établit un lien fixe entre chacune des lettres de l'alphabet et le signe mystérieux qui le représente. Il fallut plusieurs siècles aux analystes pour comprendre cette particularité, ce qui laissa aux praticiens du code de César et de ses variantes une longue période de tranquillité. Ensuite la guerre entre les faiseurs d'énigmes et ceux qui voulaient les percer à jour fit rage sur tous les continents, recelant à chaque épisode son lot d'histoires baroques ou tragiques. Elle forme une histoire dans l'Histoire, toujours étrange, toujours déconcertante.

Dans la fiction, le décryptage des codes secrets procure de pacifiques récompenses, qu'il s'agisse de l'accès au centre de la Terre, du secret de l'Aiguille creuse ou de la découverte du trésor d'un pirate légendaire. Dans la réalité, il conduit au sang, à l'enfermement et à la mort. Le cryptographe, présomptueux personnage imbu de sa propre intelligence, est toujours persuadé qu'il a réussi à produire une énigme impénétrable à l'ennemi. Et comme il en persuade à son tour son roi ou son général, celui-ci abandonne toute précaution dans l'expression, persuadé que la magie mathématique le met à l'abri de toute indiscrétion. Ainsi les informations les plus décisives, les secrets les plus dangereux, les vérités les plus inavouables sont-ils soudain confiés à l'infaillibilité apparente du code secret. Sûr qu'il est invisible, le roi se met à nu. Son ennemi le trouve alors plus que vulnérable : à sa merci.

Dans ces histoires sombres et sanglantes, où l'intelligence devient une arme mortelle, comme dans le monde plus léger de la fiction, nous vous proposons une libre promenade au milieu des signes et des symboles. Vous y trouverez les ordres de César, les étonnements de Tintin et Milou, les explorations vertigineuses de Jules Verne, les sortilèges d'Edgar Poe ou d'Arthur Conan Doyle aussi bien que les intrigues cruelles des guerres de religion ou du second conflit mondial. Dans la Gaule de César, l'Égypte de Ramsès, les Caraïbes d'Hergé ou l'Angleterre de Holmes et Watson, vous trouverez les méandres d'une histoire ignorée, qui seront comme une initiation à ce monde plein de détours et de surprises des codes secrets. Pour une étude plus systématique, nous recommandons, d'abord et avant tout, le livre classique de Simon Singh, *Histoire des codes secrets*, dont les recherches systématiques et la clarté d'exposition sont en tout point remarquables. Le présent texte, publié d'abord en série dans le quotidien *Libération*, lui doit beaucoup.

À la fin de chaque chapitre, une énigme est proposée à la sagacité du lecteur. Cet exercice est inséparable de la lecture de l'ouvrage : c'est en expérimentant lui-même le travail du cryptanalyste que le lecteur comprendra de l'intérieur la complexité de cette bataille de deux mille ans et le plaisir qu'il peut éprouver à en triompher. Les exercices proposés sont d'une grande simplicité, pour aller crescendo vers une difficulté un peu plus grande. Ils ne requièrent aucune connaissance mathématique particulière et seulement de l'astuce, de la patience, du papier et un crayon… Alors le lecteur, content d'avoir percé à jour l'énigme qui s'oppose à son intelligence, ressentira ce qu'ont ressenti, à travers l'Histoire, les obscurs et judicieux artisans d'événements considérables.

CHAPITRE PREMIER

WLQWLQ HW OH VFDUDEHH G'RU*

* TINTIN ET LE SCARABÉE D'OR

Jules César (100 av. J.-C. - 15 mars 44 av. J.-C.) marqua le monde romain de son ambition et de ses conquêtes. Fin stratège, il usa de messages dissimulés puis d'un des premiers codes de substitution qu'on appelle le code de César.

TINTIN ET LE SCARABÉE D'OR

Le code de César, premier connu du genre.

Mais que voulaient-ils à ces trois « Licorne » ? Depuis que Tintin avait acheté la maquette du vieux vaisseau, l'une des trois en circulation, acheteurs et voleurs se pressaient autour de lui pour la récupérer par tous les moyens. Mystère et tempête sous la houppette. Ce fut Milou qui trouva. Renversant par mégarde la Licorne miniature, il en cassa le mât, libérant un petit parchemin jusque-là roulé à sa base. On y découvrait un texte incompréhensible. Mais Tintin devina vite qu'il fallait trouver les deux autres maquettes pour résoudre l'énigme. La superposition des trois parchemins livrera le secret de la Licorne : les coordonnées du trésor d'un cruel pirate nommé Rackham le Rouge y avaient été inscrites par l'ancêtre du capitaine Haddock, François de Hadoque.

TINTIN ET LE SCARABÉE D'OR

Extraits de la bande dessinée *Le Secret de la Licorne* (1943), d'Hergé.
Tintin découvre le premier parchemin de l'énigme.

TINTIN ET LE SCARABÉE D'OR

Tintin, Milou et le capitaine iront au bout du monde chercher l'or et les pierres précieuses du flibustier, pour s'apercevoir in fine que le trésor se trouve chez eux, à l'intérieur d'un globe terrestre entreposé dans les caves du château de Moulinsart. Entre-temps, grâce aux trois petits parchemins de la Licorne, ils auront fait rêver des dizaines de millions d'enfants dans le monde.

Comme M. Jourdain faisait de la prose, François de Hadoque avait sans le savoir pratiqué la stéganographie (du grec *steganos*, caché). Cette méthode fut longtemps la seule employée pour correspondre secrètement : elle consiste à dissimuler le message qu'on souhaite acheminer à son correspondant. Les possibilités sont infinies. Pour écrire secrètement à leurs alliés en territoire ennemi, les Grecs rasaient la tête d'un esclave et écrivaient leur message sur son crâne. Ils attendaient ensuite que ses cheveux repoussent puis l'envoyaient auprès de leurs alliés qui n'avaient plus qu'à le tondre pour lire le message. Méthode efficace, quoiqu'un peu lente. Quand ils furent menacés par Xerxès, au Ve siècle avant J.-C., ils furent prévenus de l'offensive perse par un espion qui leur expédia des tablettes de bois gravées recouvertes de cire.

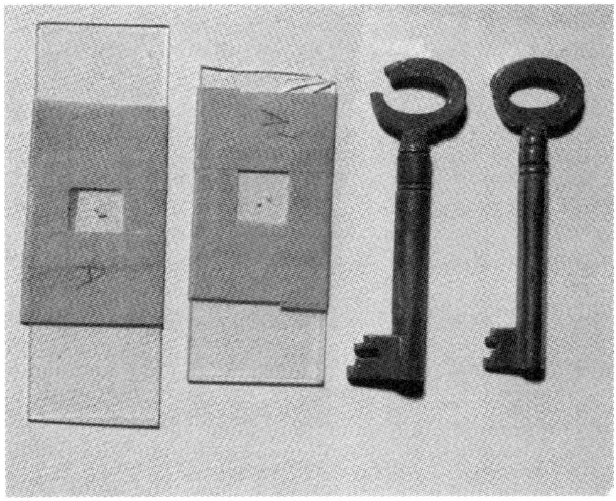

Clés avec espace qui permettaient de dissimuler des messages cachés.
Elles étaient utilisées par la Résistance lors de la Seconde Guerre mondiale.

Les Romains usaient souvent d'encre sympathique, invisible à la lecture, mais qui apparaissait lorsqu'on chauffait le parchemin ou qu'on le trempait dans une solution chimique particulière. Les anciens Chinois se servaient de bandes de soie qu'ils dissimulaient dans des boules de cire. Récemment encore, certains services secrets utilisèrent la microphotographie, qui permet de placer un texte long sur une surface minuscule, un microfilm ou même un simple point de ponctuation placé dans une phrase anodine. Bref, dans tous ces systèmes, un message secret n'est qu'un message caché.

La stéganographie présente un inconvénient majeur : si le message est découvert, il est immédiatement lu par l'adversaire. Mal protégé, le secret n'en est plus un. Ce fut César qui trouva la solution : il fallait crypter les messages, c'est-à-dire les transposer pour les rendre

TINTIN ET LE SCARABÉE D'OR

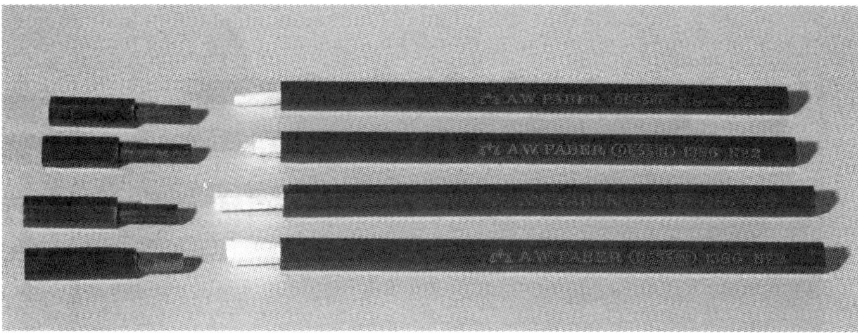

En temps de guerre, on recourt toujours à la stéganographie,
c'est-à-dire à la dissimulation des messages.
Ci-dessus, des crayons creux,
et ci-dessous, des casiers à bières avec un faux fond.
Ces objets étaient des armes précieuses pour la Résistance.

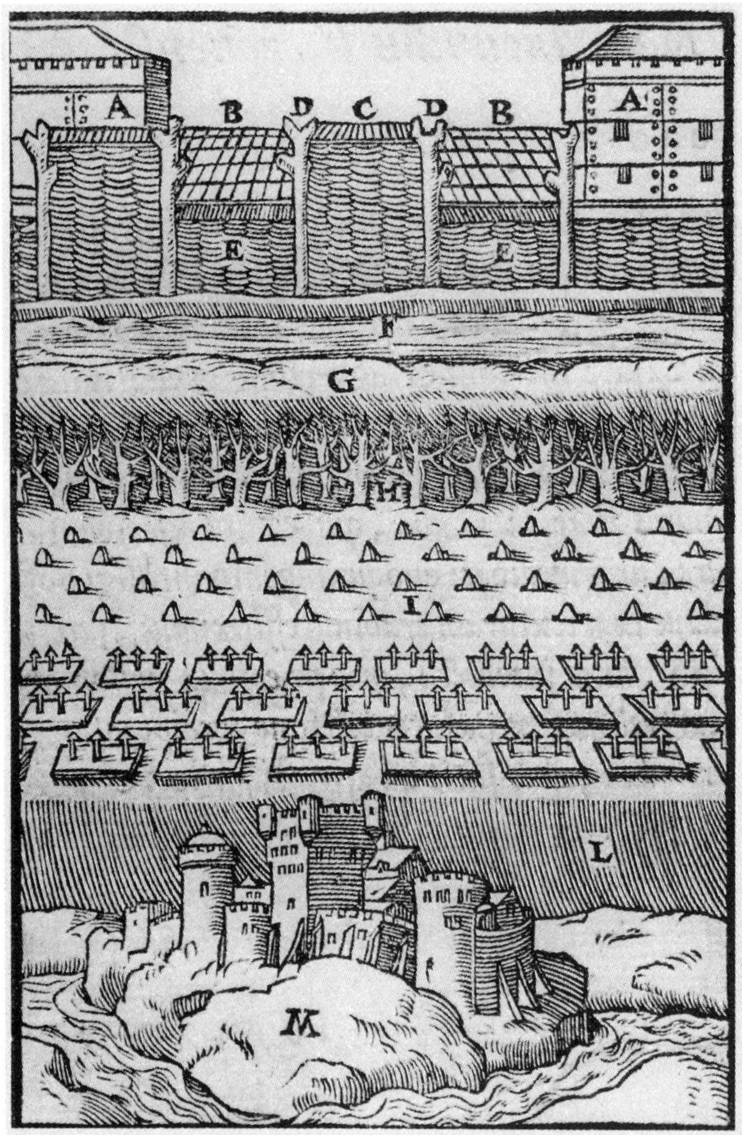

Illustration de la guerre des Gaules (58-51 av. J.-C.).
Siège d'Alésia par les Romains.

incompréhensibles, selon une méthode connue seulement des deux correspondants. Ainsi resteraient-ils énigmatiques au regard de quiconque, même exposés au grand jour. La première mention de l'usage d'un code secret de l'histoire apparaît dans *La Guerre des Gaules (De Bello Gallico)* de Jules César. Comme le raconte Simon Singh, César marche avec une légion vers un camp retranché encerclé par les Gaulois et commandé par Cicéron. Pour relever le moral des assiégés, il veut les prévenir de son arrivée sans alerter les assiégeants. Alors il roule un papier autour d'un javelot et envoie un soldat en avant.

Vercingétorix capitule et dépose les armes aux pieds de Jules César à l'issue du siège d'Alésia. Il fut exécuté à Rome en 46 av. J.-C.

Celui-ci se glisse à proximité du camp et lance le javelot au-dessus de la palissade de bois. Mais comme César craignait que le soldat soit arrêté ou que le javelot mal lancé soit saisi par les Gaulois, il avait codé le message. Des lettres du texte écrit en latin avaient été remplacées par des lettres grecques selon une table de correspondance convenue d'avance. Du coup, qu'on parle grec ou latin, le message était incompréhensible. Seul Cicéron connaissait la clé du code, c'est-à-dire qu'il savait quelles lettres grecques remplaçaient quelles lettres latines. Il put ainsi décoder le message d'espoir et le lire à sa garnison qui tint bon jusqu'à l'arrivée des secours. César utilisait souvent ce genre de code. Généralement, il remplaçait chaque lettre d'un texte par la troisième suivante dans l'alphabet (« a » remplacé par « d », b par « e », etc.). Pour comprendre le message, il fallait tenter une substitution inverse. Mais comme on ignorait selon quelle clé le message avait été codé, il fallait essayer toutes les combinaisons. Tâche impossible : dès qu'on dépasse un petit nombre de lettres, les substitutions possibles forment un nombre énorme (des millions de milliards de dispositions sont imaginables). Une vie entière ne suffirait pas à les essayer toutes.

Protégé par ce vertige mathématique, le code de César, qu'on appelle un code de substitution, entama une longue carrière. Si longue que, au XIXe siècle, on y a encore recours. L'exemple le plus célèbre sans doute est contenu dans l'une des *Histoires extraordinaires*

Edgar Allan Poe (1809-1849) était poète, romancier, critique littéraire, dramaturge et éditeur américain.
Il est le précurseur de la science-fiction et du fantastique.

d'Edgar Allan Poe, « Le Scarabée d'or ». Le narrateur rend visite à l'un de ses amis, William Legrand, qui a élu domicile dans l'île de Sullivan, sur la côte de Virginie. Legrand vient de découvrir sur une grève un scarabée d'une espèce inconnue, très gros et d'une couleur étrangement dorée. Pour envelopper l'insecte, il a ramassé dans le sable un parchemin sale qu'il a ramené chez lui. Le narrateur examine le scarabée et rapproche par mégarde le parchemin d'un feu qui flambe dans la cheminée. C'est alors qu'apparaît sur la feuille fripée le dessin d'une tête de mort. Une fois le narrateur parti,

La nouvelle d'Alan Poe « Le Scarabée d'or » a popularisé la cryptographie auprès du grand public. Elle a été traduite par Charles Baudelaire puis publiée dans le recueil *Histoires extraordinaires* (1856).

Expédition américaine punitive contre le repaire des pirates de Kuala Batu à Sumatra, février 1832.

Legrand chauffe de nouveau le parchemin : un texte se matérialise sous la tête de mort avec, en guise de signature, le dessin d'un chevreau. Soudain fébrile, Legrand devine que le document émane d'un pirate. La tête de mort était le signe de ralliement des flibustiers et l'île de Sullivan était connue comme un havre pour les navires clandestins. Quant au chevreau, il désigne à coup sûr le capitaine Kidd (*kid* signifie chevreau en anglais), l'un des plus célèbres pirates des Caraïbes au XVIIe siècle. Mais le texte est composé de caractères sans suite. Après de longues heures de travail à la chandelle, Legrand réussit à déchiffrer le message. Il entraîne alors le narrateur

Les pirates, maîtres des légendes et des contes, ont toujours nourri le mystère les entourant au travers des cartes aux trésors et autres butins enfouis dans les océans. Image du film de Wilford Leach *The Pirates of Penzance* (1983).

sous un gros arbre planté au milieu d'une petite vallée. Son domestique monte dans l'arbre et, selon les instructions que lui crie Legrand, il découvre un crâne cloué sur l'une des branches maîtresses. Sous le crâne, à la verticale de l'œil droit, Legrand installe un repère sur le sol. La ligne qui va du tronc de l'arbre au repère le conduit à un point où il commence à creuser. En quelques minutes, les trois hommes mettent au jour un coffre de marine renfermant une immense fortune. La nouvelle se termine par un morceau de bravoure : Legrand explique au narrateur comment il a déchiffré le message du pirate. Sa méthode est à la base de la plupart des exploits réalisés par les cryptologues dans l'histoire. On la retrouve dans beaucoup de romans policiers et d'espionnage. À commencer par les plus célèbres d'entre eux qui mettent en scène un détective fumant la pipe et habitant à Londres, au 221 Baker Street.

Voici un exercice d'initiation qui permet de comprendre le premier rudiment de la cryptanalyse. Son fonctionnement repose sur le principe de César. Le mode d'emploi se trouve dans le texte du chapitre. Il suffit de le relire pour réussir l'exercice... Et en cas de panne, reprenez le titre du chapitre.

Énigme I

D Y H F H V D U F H X A

T X L Y R Q W

F R P S U H Q G U H W H

V D O X H Q W

CHAPITRE DEUXIÈME

PYX LIOOYX NJA SZOXYON *

*LES HOMMES QUI DANSENT

LES HOMMES QUI DANSENT

Sherlock Holmes, en pleine réflexion, étudie le code secret des « hommes dansants ». Illustration de Jacques Camory, 1905.

LES HOMMES QUI DANSENT

Sherlock Holmes n'était pas seulement violoniste et fumeur de pipe. Il avait aussi un talent caché : le déchiffrage de messages codés.

C'était un cocaïnomane bien connu des services de police. Il jouait du violon comme Ingres, du déguisement comme Frégoli et de l'éprouvette comme Lavoisier. Il connaissait sur le bout des doigts la jungle noire de Whitechapel, la nomenclature des cendres de cigarette, l'histoire du crime en Grande-Bretagne et la couleur de la terre dans tous les parcs de Londres. Il était chimiste, minéralogiste, tireur au pistolet, expert en balistique et en arrogance. Il n'aimait pas les femmes, auxquelles il préférait de loin les criminels, et quand l'ennui le saisissait, il s'injectait dans le bras une solution de cocaïne à 7 % qui le plongeait dans une longue apathie, au grand dam du médecin qui partageait sa vie. Il maîtrisait enfin la science des codes secrets : la cryptologie.

Sir Arthur Conan Doyle (1859-1930), écrivain écossais,
est célèbre pour ses romans mettant en scène le détective Sherlock Holmes,
considérés comme une innovation majeure du roman policier.

LES HOMMES QUI DANSENT

Conan Doyle évoque ce talent mineur de Sherlock Holmes dans une seule nouvelle, « Les Hommes dansants », l'un des plus étranges épisodes de la longue série des énigmes résolues par le détective.

Un jeune héritier découvre sur la porte de son manoir provincial et sur la margelle du puits une série de figures tracées au crayon ou gravées dans la pierre, représentant des petits personnages sommairement dessinés, chacun dans une pose différente, comme une tribu d'Indiens exécutant une danse endiablée :

L'incident serait sans importance si sa femme, Elsie, une jeune et charmante Américaine rencontrée quelques mois plus tôt, n'était tombée dans un abattement complet entrecoupé de crises d'agitation démente, sans jamais révéler à son mari la raison de cette réaction extrême. Frappé par l'étrangeté du cas, Holmes comprend vite que le défilé des petits personnages est en fait un message codé. Il se met au travail, noircissant toute une nuit des monceaux de papier au milieu d'un épais nuage de fumée. Au petit matin, il a trouvé une grande partie de la solution. Il la complète en découvrant qu'Elsie était en rapport, dans son ancienne vie, avec un escroc redoutable nommé Abe Slaney et qu'il existe aux environs du manoir

Illustrations de la nouvelle « Les Hommes dansants » par Sidney Paget.

SIDNEY PAGET

d'Elsie une auberge appelée Elridge's. Trop tard : le jeune homme est assassiné et sa femme, blessée. Holmes et Watson se précipitent au manoir. Courte enquête. Le détective fait porter à l'auberge un message fait d'une file d'hommes dansants. Quelques heures plus tard, un Américain se présente au manoir. La police l'arrête. C'est l'assassin.

Comme toujours, Watson reste éberlué. Et comme toujours – mais comme il ne l'a jamais fait dans l'œuvre de Conan Doyle –, Holmes aurait pu répondre : « Élémentaire, mon cher Watson », selon la formule qu'on lui prête à tort.

Élémentaire, en effet. Le code des « hommes dansants » est une variante du code de César. Le chef d'une bande d'escrocs américains, dont la jeune femme avait fait partie dans une autre vie, s'en sert pour la menacer. Il la retrouve en Angleterre et veut lui arracher un secret. Entrevue, altercation : le messager tue le mari et blesse la femme. Ayant percé le code, Holmes a tout compris. Arrivé trop tard, il cherche un nouveau venu dans les auberges de la région, devinant où loge l'assassin. Un message rédigé selon le code

LES HOMMES QUI DANSENT

Sherlock Holmes, « The Greek interpreter » (« l'interpètre grec »), illustration de Sidney Paget.

TABLE DES FRÉQUENCES

% de présences sur 10 000 signes

				B	0,9
E	16	**L**	5,3	**J**	0,8
A	9,4	**O**	5,1	**F**	1
I	8,4	**D**	3,3	**H**	1
S	8	**M**	3,2	**X**	0,3
T	7,2	**P**	2,9	**Z**	0,3
N	7,1	**C**	2,6	**Y**	0,2
R	7	**Q**	1	**K**	0
U	6,2	**G**	0,9	**W**	0

Voici un instrument de base du cryptanalyste débutant : une table des fréquences. Elle fournira, pour la langue française, la fréquence d'apparition des 26 lettres de l'alphabet dans un texte courant. Elle permet de repérer le « e » sans difficulté. Pour les lettres suivantes, l'affaire est plus malaisée. Il faut procéder par essais et erreurs. Ainsi va la vie du cryptanalyste.

des « hommes dansants » attirerait forcément l'attention de ce dernier, qui serait persuadé que la jeune femme s'est décidée à lui parler et, peut-être, à lui communiquer le secret.

Élémentaire, mon cher lecteur. Le code de César, pas plus que celui d'Edgar Poe ou celui de Conan Doyle, ne peut résister plus d'une demi-heure à la sagacité d'un cryptanalyste débutant.

Georges Perec (1936-1982) est un écrivain français, membre de l'Oulipo, dont les œuvres sont fondées sur l'utilisation de contraintes formelles, littéraires ou mathématiques.

On en comprendra vite la raison en se souvenant du roman de Georges Perec *La Disparition*. Comme on le sait, ce texte possède une particularité unique : il est fait de mots dont aucun ne comprend la lettre « e ». Or la lettre « e » est précisément celle que l'on rencontre le plus souvent dans la langue française. D'où le tour de force de Perec. Le lecteur voit tout de suite où l'on veut en venir : les lettres de l'alphabet, en fait, n'apparaissent pas avec la même fréquence dans une langue donnée. Comme le savent les joueurs de

Scrabble, certaines abondent en français (« e », « a », « s »), d'autres sont rarissimes (« y », « z », « w »). On peut donc dresser ce qu'il est convenu d'appeler une « table de fréquence », qui donne pour chaque lettre le pourcentage de son apparition moyenne dans la langue donnée. Et si l'on dispose d'un message secret suffisamment long, les mêmes pourcentages s'y appliqueront.

Rhazes (Abu Bakr Mohammed Ibn Zakariya al Razi, 825-925) était un savant iranien. Gravure de Jan Verhas.

Ignoré des ennemis de César, ce fait tout simple a permis à Legrand de découvrir le secret du capitaine Kidd et à Sherlock Holmes, celui des « hommes dansants ». Une fois quelques voyelles déterminées par la méthode des fréquences, il est en effet aisé de décrypter des mots très courts comprenant ces lettres (« le », « la », « ces », « les », « et », etc.). Ils fournissent chaque fois une consonne en clair, qu'on retrouve dans les doublons, ces lettres qu'on redouble en français, comme le « l », le « t » ou le « s ». De proche en proche, de lettre en lettre, les mots complets apparaissent à l'esprit du cryptanalyste qui a vite fait de remplir les trous jusqu'au texte final.

Ce sont les savants arabes qui, au Moyen Âge, découvrirent cette réalité fondamentale de la cryptologie : les fréquences. À partir de là, tout change. Les codes deviennent fragiles et les puissants, vulnérables.

LES HOMMES QUI DANSENT

Le message décrypté par Sherlock Holmes est court, ce qui rehausse la performance du détective. En revanche, plusieurs éléments lui ont facilité la tâche. Il sait d'abord que le message est rédigé en anglais. Il sait encore que, comme en français, le « e » est la lettre la plus fréquente dans la langue anglaise. Il devine que le petit drapeau que tiennent certains des personnages indique la fin d'un mot. Il connaît enfin plusieurs éléments, comme le nom de l'héroïne ou celui de l'auberge, que vous retrouverez en relisant ce chapitre. Il sait enfin que la quatrième ligne est une réponse de la jeune femme. Muni de ce viatique, sagace lecteur, tu dois pouvoir décrypter le message du gangster à son ancienne associée. Pour te faciliter la tâche, une aide t'est fournie : nous avons remplacé les « hommes dansants » par des lettres, chaque figure étant traduite par la même lettre, évidemment. La manipulation du texte en sera facilitée. Voici donc les « hommes dansants » transposés en caractères normaux.

Énigme 11

Z O L Y M Y Z W Y X P Z Q Y E

Z N Y P M A S B Y X

D I O Y Y P X A Y

Q Y U Y M

Y P X A Y K M Y K Z M Y

N I O Y Y N E I J M B I S

CHAPITRE TROISIÈME

no faiøa nocɯiεa*

*LA REINE MAUDITE

Marie Stuart (1542-1587) fut reine d'Écosse de 1542 à 1567.
Gravure extraite de *L'Histoire populaire de la France*, de Charles Lahire, 1863.

LA REINE MAUDITE

S'il ne résiste pas au décryptage des intrus, le code se retourne contre son auteur. Marie Stuart l'a payé de sa vie.

Pour son exécution, la reine a passé une robe magnifique : « La plus grave, écrit Stefan Zweig, en velours cramoisi-brun à corsage de soie noire, la fraise blanche dressée et les manches amples et pendantes. » Et comme il lui faut aussi, pour la décapitation, une tenue plus légère, « elle a revêtu sous son costume de cérémonie une robe de taffetas velouté rouge qui découvre ses épaules et porte gants montants couleur de feu, afin que le sang, en jaillissant, ne tranche pas trop violemment sur les vêtements ».

Un public hostile emplit la salle de Fotheringhay à l'entrée de Marie Stuart. La reine veut un prêtre catholique. L'Angleterre lui impose le prêche d'un pasteur obtus. Elle l'interrompt plusieurs fois avant de

LA REINE MAUDITE

Marie Stuart en compagnie de son second mari, Lord Darnley.

s'agenouiller et de prier en latin. Puis elle pose sa joue sur le billot recouvert de velours noir qu'elle enlace. Le bourreau manque son coup. La lame s'enfonce dans son crâne, arrachant à Marie un gémissement qui résonne dans la grande salle. Il faut relever la hache qui, cette fois, coupe à moitié la nuque. Un troisième coup tranche enfin les derniers lambeaux. Quand, selon la coutume, le bourreau prend la tête pour la brandir, elle roule sur le sol, laissant dans la main de l'exécuteur la perruque tachée de sang. Il faut ramasser la tête, qui est celle d'une vieille femme tondue dont les lèvres bougent encore un quart d'heure. On lève le tronc pour le placer dans un coffre. Un petit chien s'échappe en jappant et en mordant, caché jusque-là dans les vêtements de sa maîtresse.

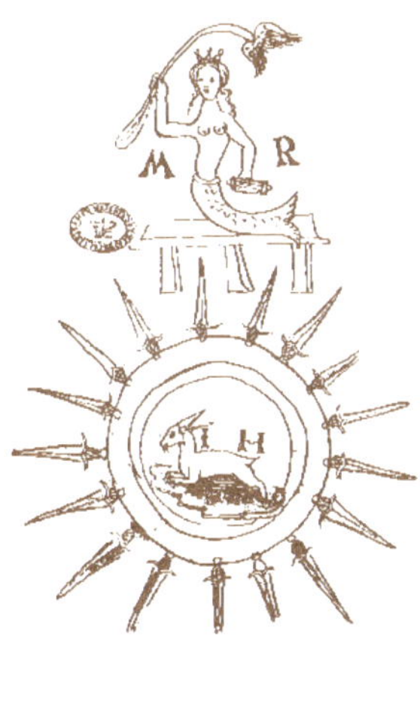

Croquis allégorique symbolisant Marie Stuart. Cette représentation est une attaque contre la reine, comme nous pouvons le constater par l'utilisation du couteau (qui transcrit l'idée de meurtre) et sa matérialisation en sirène, figure mythologique hautement négative.

Reproduction du procès de Marie Stuart, datant de 1586
et conservée au British Museum.

LA REINE MAUDITE

L'exécution de la reine d'Écosse.
Reproduction de 1587, conservée au British Museum.

LA REINE MAUDITE

Marie Stuart, reine d'Écosse, catholique et prétendante au trône d'Angleterre, n'a pas été exécutée seulement en raison des guerres religieuses qui déchirent l'Europe et de la méfiance d'Élisabeth Ire, reine d'Angleterre. Elle a été la victime d'un code mal protégé qui lui servait pour conspirer avec ses partisans. Un cryptanalyste a percé à jour son écriture secrète, précipitant la reine dans une machination.

Un quart de siècle plus tôt, la belle Marie s'est mariée au souffreteux roi François II. Mariage malheureux. La mort à 16 ans du débile souverain de France renvoie la jeune fille dans les brumes d'Écosse. Les seigneurs du royaume ne veulent pas d'une reine forte. Ils humilient Marie pendant que les adeptes de la religion réformée menés par le prédicateur John Knox réclament la déchéance de la souveraine. Orgueilleuse, Marie Stuart survit d'abord au milieu des crimes et des trahisons. Mal mariée, mal défendue, mal conseillée, elle finit toutefois par tomber. Ses ennemis écossais l'enferment dans le château de Lochleven. Elle s'évade en barque au milieu de la nuit. Ses partisans sont défaits à Langside. Elle cherche refuge en Angleterre.

Elle arrive dans un pays divisé où les droits d'Élisabeth Ire à la couronne anglaise ont été contestés. Son royaume est en proie aux déchirements religieux. Fille bâtarde d'Henri VIII, la « reine vierge » craint Marie Stuart, souveraine catholique populaire qui pourrait

Boudoir de Marie Stuart à Édimbourg, Holyrood Palace.
Gravure de Ebenezer Challis.

menacer son trône. Pour protéger Élisabeth, William Cecil et Francis Walsingham, les deux ministres cruels de la cour de Londres, veulent la perte de Marie. Ils réussissent d'abord à la faire condamner. Marie est une nouvelle fois enfermée dans un venteux château. Humiliée, affaiblie, vieillie, la reine d'Écosse ne renonce jamais. Elle continue de conspirer pour s'évader et reprendre ses droits. Ses partisans ont soudoyé un livreur de bière qui dissimule des messages dans les tonneaux livrés aux cuisines du château prison.

Signature de Marie Stuart retrouvée au bas des lettres qu'elle envoyait à Élisabeth Ire.

Pour plus de sûreté, les lettres sont transcrites selon un code de substitution, variante sophistiquée du code de César et dont Marie est devenue une bonne praticienne. Elle correspond ainsi avec les cours catholiques d'Europe, avec ses partisans en Écosse et même avec de jeunes chevaliers anglais qui ont pris fait et cause pour la reine emprisonnée. Le jeune Anthony Babington se propose avec quelques amis de donner un coup de main pour libérer la reine. Sûre de son code, Marie Stuart écrit, discute le projet, parle détails, dates, expédients.

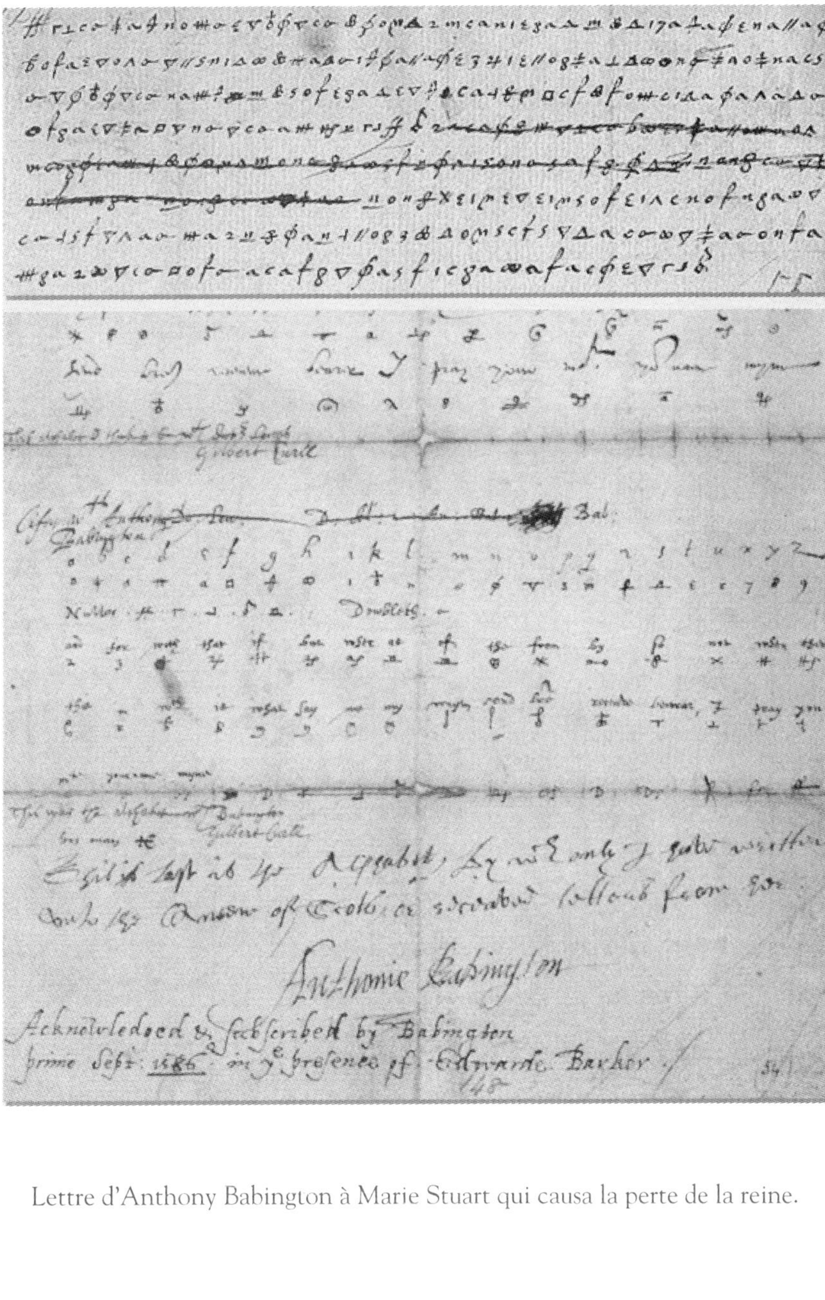

Lettre d'Anthony Babington à Marie Stuart qui causa la perte de la reine.

Mais Walsingham a intercepté la correspondance. Il transmet les messages à un redoutable cryptanalyste vénitien nommé Thomas Phelippes.

Chacune des lettres de Marie est décryptée avant de reprendre son chemin vers son destinataire. Du coup, Walsingham suit pas à pas le développement de la conspiration. Le projet d'évasion ne suffit pas. Pour délivrer Élisabeth Ire de la menace représentée par Marie Stuart, il faut la compromettre dans un projet criminel. Alors, non content de lire à livre ouvert dans les projets de son ennemie, Walsingham va la guider à sa perte. Il modifie le texte d'une lettre de Babington et lui fait dire qu'il projette, en même temps que la délivrance de Marie, l'assassinat de son ennemie Élisabeth. Sans méfiance, certaine du secret de sa correspondance, Marie approuve le dessein de son jeune chevalier servant, écrivant en code les mots fatals qui démontrent sa complicité. Walsingham a gagné. Les preuves sont là. Il ne lui reste qu'à saisir Marie et à produire sa correspondance devant un tribunal. Accusée de conspiration criminelle contre la reine d'Angleterre, Marie Stuart est condamnée à mort. Walsingham le tortueux a écarté définitivement la rivale de sa reine impitoyable, qui laissera pourtant le souvenir d'une souveraine bienfaisante à son royaume, protectrice de Shakespeare, commanditaire de Francis Drake et de ses corsaires héroïques et, surtout, vainqueur de l'Invincible Armada qui devait anéantir aux yeux de l'Espagne catholique la principale puissance protestante d'Europe.

Le code de Marie Stuart, à vrai dire, n'était pas très difficile à casser pour un professionnel. Il déroutait parce qu'il mélangeait deux techniques : la substitution de lettres à d'autres lettres, facile à déjouer par la méthode des fréquences, mais aussi le remplacement de mots entiers par des symboles, technique qui suppose un lexique plus

Cassette appartenant à Marie Stuart, à l'intérieur de laquelle ont été retrouvées les correspondances de la reine.

complexe que le simple rapprochement de deux alphabets.

Curieux hasard qui court à travers les siècles… Cet encodage mixte était celui qu'utilisaient dans leur écriture hiéroglyphique les anciens Égyptiens, dont la reine d'Écosse avait sans le savoir adopté la méthode. Mais pour le comprendre, il a fallu l'avidité des soldats de Napoléon Bonaparte et le génie d'un cryptologue et linguiste nommé Jean-François Champollion. Ainsi, la découverte de Champollion rejoint par un biais inattendu les sombres machinations de Francis Walsingham.

LA REINE MAUDITE

L'exécution de Marie Stuart.
Reproduction de 1650 conservée à la Bibliothèque nationale de France.

Voici une lettre cryptée selon le code de Marie Stuart et envoyée par Babington à la reine d'Écosse emprisonnée. Cher lecteur non spécialiste, nous avons utilisé une traduction française et simplifiée de ce code pour te rendre la tâche plus aisée. Rappelle-toi que le « e » est la lettre la plus fréquente en français, mais que les lettres suivantes, dans un texte court, peuvent être aussi bien le « a », le « r », le « l », le « s » ou le « t » sans qu'on puisse savoir dans quel ordre de fréquence les classer. Attention ! Une fois le « e » placé sous son signe crypté, deux conseils : concentre-toi sur les petits mots, et surtout pense que le premier et le dernier mot sont importants. Babington écrit à une reine. On peut supposer qu'il s'adresse à elle avec une grande déférence et qu'il ne commence pas son texte par « Chère Marie » ni même par « Madame ». On peut supposer aussi qu'il signe...

Énigme III

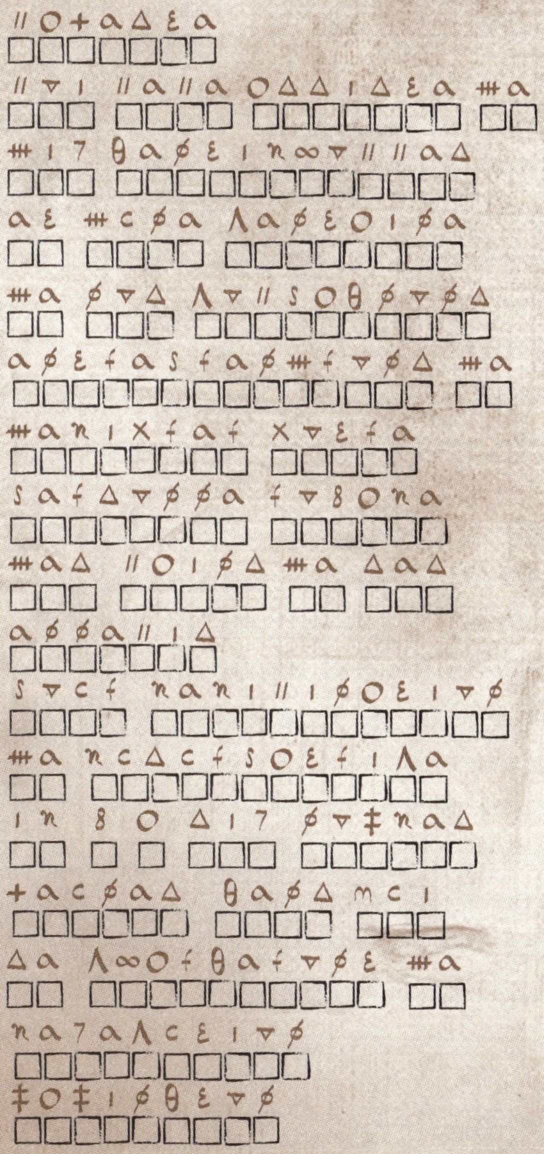

CHAPITRE QUATRIÈME

*

*SIGNÉ RAMSÈS

Jean-François Champollion était un archéologue français.
Déchiffreur de hiéroglyphes, il est considéré comme le père de l'égyptologie.

SIGNÉ RAMSÈS

LES INDÉCHIFFRABLES HIÉROGLYPHES ALIMENTAIENT LE MYSTÈRE QUI PLANAIT AUTOUR DE L'EGYPTE ANTIQUE. JUSQU'À CE QUE CHAMPOLLION EN VIENNE À BOUT.

Jean-François Champollion s'évanouissait pour un oui ou pour un non. Qu'on lui apprenne quelque nouvelle triste ou surprenante, qu'il découvre un élément nouveau dans ses recherches ou bien un morceau de statue plein de promesses, et le voilà tombé par terre, inanimé, pâle et suant, provoquant l'alarme de ses proches et l'arrivée du médecin. Sans doute était-il affecté d'une secrète maladie qui tendait ses nerfs et faisait fluctuer son sang : il mourut à l'âge de 41 ans après un ultime malaise. Entre-temps, il avait rendu à la cause du savoir humain un de ces services qui méritent honneur et postérité : Jean-François Champollion a ouvert aux esprits curieux les mystères de l'ancienne Égypte. Et cette gloire, Champollion la doit à un talent qui en fait sans doute, avec Sherlock Holmes mais

L'illustre pierre de Rosette, découverte dans la ville de Rosette en juillet 1799.

dans un domaine autrement vaste, le plus célèbre cryptanalyste de l'histoire : celui qui, le premier, a décrypté le code égyptien. Bien avant lui, l'ancienne Égypte fascinait. Au XVIIe siècle, le pape Sixte V, par exemple, avait redessiné la ville de Rome en plaçant aux principaux carrefours un de ces obélisques que les sujets de pharaons élevaient sur leurs places ou devant leurs temples. Les passants admiraient ces ensembles de signes stylisés au charme typographique inépuisable qu'on appelait les hiéroglyphes, se demandant ce que des hommes énigmatiques pouvaient bien avoir inscrit sur des colonnes trois ou quatre mille ans auparavant. Mais dans l'entreprise de déchiffrage on prit une mauvaise voie. Car l'écriture hiéroglyphe recèle un piège : en apparence, elle est formée de symboles faciles à identifier puisqu'ils représentent des objets ou des animaux de la vie courante, un lion, un faucon, une plume ou un bateau. On en déduisit que l'écriture égyptienne est symbolique et non phonétique comme la nôtre : chaque hiéroglyphe renverrait non à un son destiné ensuite à former des mots, mais à une chose concrète représentée d'un seul coup par un dessin, ou bien à un concept qu'on exprime par analogie, par exemple le faucon pour la vitesse ou la plume pour la légèreté. Et ainsi, par combinaison d'abstrait et de concret, on réussissait, comme l'ont fait les Chinois dans leur langue, à mettre par écrit tous les aspects de la vie humaine et du monde sensible. Pendant deux siècles, cette interprétation a prévalu, donnant lieu à des résultats aussi poétiques qu'incertains, puisqu'on n'avait aucun moyen de vérifier la justesse des traductions proposées.

SIGNÉ RAMSÈS

Jusqu'au jour où un soldat français, en remuant le sable de sa pelle, fit faire à l'égyptologie un bon fantastique. Au pied d'une muraille de la forteresse qui défend la ville de Rosette, que l'armée républicaine du jeune général Bonaparte, lancée à la conquête de l'Égypte, venait de soumettre, ce soldat découvrit une pierre noire gravée de trois textes anciens. Le troisième texte était rédigé en grec alors que les deux autres l'étaient en écriture égyptienne. Et là, merveille ! On ne mit pas longtemps à comprendre que les trois pages d'écriture réunies sur la pierre de Rosette étaient en fait la traduction du même texte en trois langues ; les deux premières étaient faites de hiéroglyphes et la troisième, de grec classique. Or cette troisième langue était connue. On put alors lire en clair la description des exploits du roi Ptolémée (un des pharaons de la lignée de Cléopâtre) et des cérémonies que les prêtres égyptiens se disposaient à organiser pour lui rendre hommage. Restait à faire correspondre les mots grecs avec les hiéroglyphes. Tâche apparemment facile mais en fait très ardue car personne ne savait quel était le principe d'organisation des hiéroglyphes et encore moins la manière dont ils devaient se prononcer. Les savants de l'Europe se mirent au travail. Champollion fut le plus rapide. Il faut dire que le maître des égyptologues était tout simplement un génie, reconnu comme tel dès son plus jeune âge. Jean-François Champollion est né au milieu de la tourmente révolutionnaire, en 1790, à Figeac dans le nouveau département du Lot. La révolution ayant provoqué la fermeture des principaux collèges de la région, il fut instruit par un moine qui fut vite émerveillé par les facultés de son élève. À 13 ans, Jean-François savait déjà tout ce que son maître pouvait lui apprendre, et bien au-delà. Les collèges s'ouvrant à nouveau, il expédia ses études classiques avec trois ans d'avance. Un jour son professeur l'avait présenté à un spécialiste de langues anciennes, qui lui avait parlé du mystère des hiéroglyphes égyptiens. Aussitôt, le jeune Jean-François s'était juré d'être celui qui révélerait au monde les vérités cachées de l'antique civilisation. Il s'était jeté dans l'étude de langues anciennes et de l'égyptologie, avec tant de ferveur et de talent qu'il fut nommé professeur dans cette discipline à l'âge de 19 ans. Le copte, qu'il tenait avec raison pour l'idiome hérité des pharaons, devint pour lui une seconde langue natale. Professeur et chercheur à la fois, il commença à rassembler une immense documentation pour l'ouvrage fondamental qu'il projetait d'écrire sur le Nil.

Il n'était pas le seul à courir après ce Graal. En Angleterre, Thomas Young, un savant éclectique, avait ouvert une brèche mais il ne sut l'exploiter. Plus âgé que Champollion, Young possédait des dons comparables à ceux de son cadet. Il avait su lire à 2 ans et traduisait à 14 ans le latin, le grec, le français, l'hébreux, l'arabe, le turc, le syriaque et le samaritain. Quand il entra à Cambridge, on le surnomma « Young le phénomène ». Il publia ensuite des études décisives sur l'anatomie de l'œil et sur la théorie ondulatoire de la lumière. Il s'intéressait à l'Égypte à ses heures perdues. En 1814, emportant en vacances une copie de la pierre de Rosette, il eut l'idée de s'intéresser plus particulièrement aux inscriptions enserrées

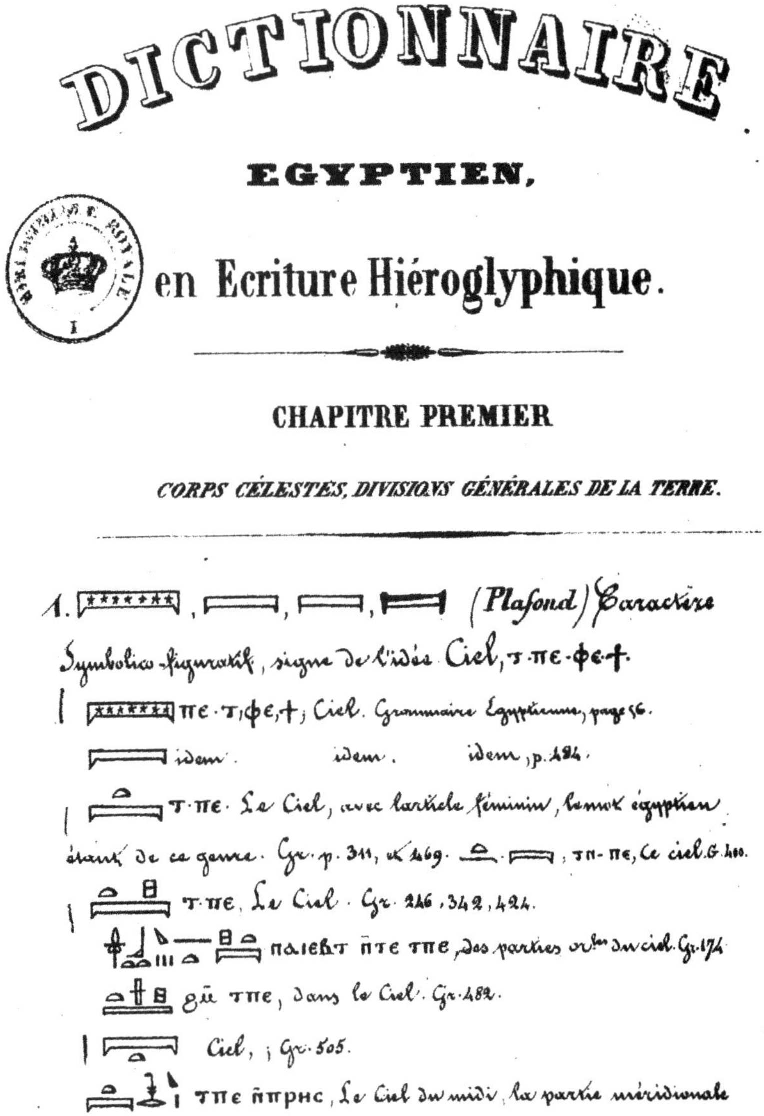
DICTIONNAIRE

EGYPTIEN,

en Ecriture Hiéroglyphique.

CHAPITRE PREMIER

CORPS CÉLESTES, DIVISIONS GÉNÉRALES DE LA TERRE.

1. , , , (Plafond) Caractère symbolico-figuratif, signe de l'idée Ciel, ⲧ·ⲡⲉ·ⲫⲉ·ⲧ.

ⲡⲉ·ⲧ, ⲫⲉ, ⲧ; Ciel. Grammaire Égyptienne, page 56.

idem. idem. idem, p. 424.

ⲧ·ⲡⲉ· Le Ciel, avec l'article féminin, le mot égyptien étant de ce genre. Gr. p. 311, et 469. ; ⲧⲡ-ⲡⲉ, Le ciel. G. 400.

ⲧ·ⲡⲉ, Le Ciel · Gr. 246, 342, 424.

ⲡⲁⲓⲉⲃⲧ ⲛ̄ⲧⲉ ⲧⲡⲉ, des parties orientales du ciel. Gr. 174

ϩⲛ̄ ⲧⲡⲉ, dans le Ciel. Gr. 482.

Ciel, ; Gr. 505.

ⲧⲡⲉ ⲛ̄ⲡⲣⲏⲥ, Le Ciel du midi, la partie méridionale du ciel, l'Hémisphère Austral.

Premier chapitre du Dictionnaire égyptien en écriture hiéroglyphique, de Jean-François Champollion, 1841-1843.

dans un cartouche. Ces mots-là, se dit-il, devaient désigner des dieux ou de grands personnages. Et comme il était question, dans la partie grecque de la pierre, du pharaon Ptolémée, peut-être pourrait-on trouver son nom dans un des cartouches de la partie hiéroglyphique. Intuition d'autant plus féconde que les traducteurs grecs avaient dû, comme on le fait pour les noms propres, respecter dans leur traduction l'identité phonétique du nom « Ptolémée », de même qu'en français on respecte l'identité phonétique des noms étrangers (Mao Zedong, Attila ou Soliman, par exemple, tous traduits d'une écriture non latine et transcrits sur une base phonétique). Cette hypothèse posée, vint la percée conceptuelle. Dans l'un des cartouches :

qui apparaissait six fois en tout – et qu'on pouvait donc attribuer à Ptolémée avec vraisemblance –, le nombre de caractères égyptiens correspondait à peu près au nombre de caractère grecs. Et si l'on avait fait fausse route ? Et si les hiéroglyphes, quoique figuratifs, représentaient parfois non des objets ou des concepts, mais tout simplement des sons, à l'instar des alphabets européens ? C'est ainsi que Young, par un beau jour d'été, proposa la première traduction rationnelle d'un texte hiéroglyphique. Composé en apparence d'idéogrammes – un carré, un demi-cercle, une corde nouée, un lion couché, un doigt pointé, deux plumes et une crosse de berger –, le cartouche était en fait formé de sons dont la réunion formait le mot « Ptolémée ». Eurêka ! Et pourtant, par un étrange paradoxe, le moyen de sa découverte empêcha Young de poursuivre. Les Ptolémées descendaient d'un général mis sur le trône d'Égypte par Alexandre, lui-même d'origine et de langue grecques. Young en déduisit que c'était un nom étranger à la langue égyptienne qu'on avait à l'époque transcrit de manière phonétique. Rien d'étonnant, se dit-il, à ce qu'on retombe facilement sur le grec : le nom de Ptolémée était grec dès l'origine ! Cet excès d'érudition le perdit. Il maintint pour tous les autres hiéroglyphes la théorie des idéogrammes en vigueur depuis des siècles. Une porte s'ouvrait et se refermait. Alors vint Champollion. Obsédé lui aussi par la pierre de Rosette, il reprit les choses là où Young les avait laissées. Sur une paroi d'obélisque dont on lui donna la copie, il repéra un cartouche :

qui devait, lui aussi, porter le nom d'un roi ou d'une reine. Or ce cartouche, différent de celui qui désignait Ptolémée, avait ceci de remarquable qu'il contenait quatre caractères déjà déchiffrés par Young sur la pierre de Rosette : le lion couché, la plume, la corde nouée et le carré, soit, selon Young, « l », « e », « o », « p » et « t ». Champollion pouvait alors transcrire partiellement le nouveau cartouche, ce qui donnait ceci : « _leop_t_ _ ». Habile lecteur, tu auras tout de suite saisi dans quel ravissement cette constatation plongea

SIGNÉ RAMSÈS

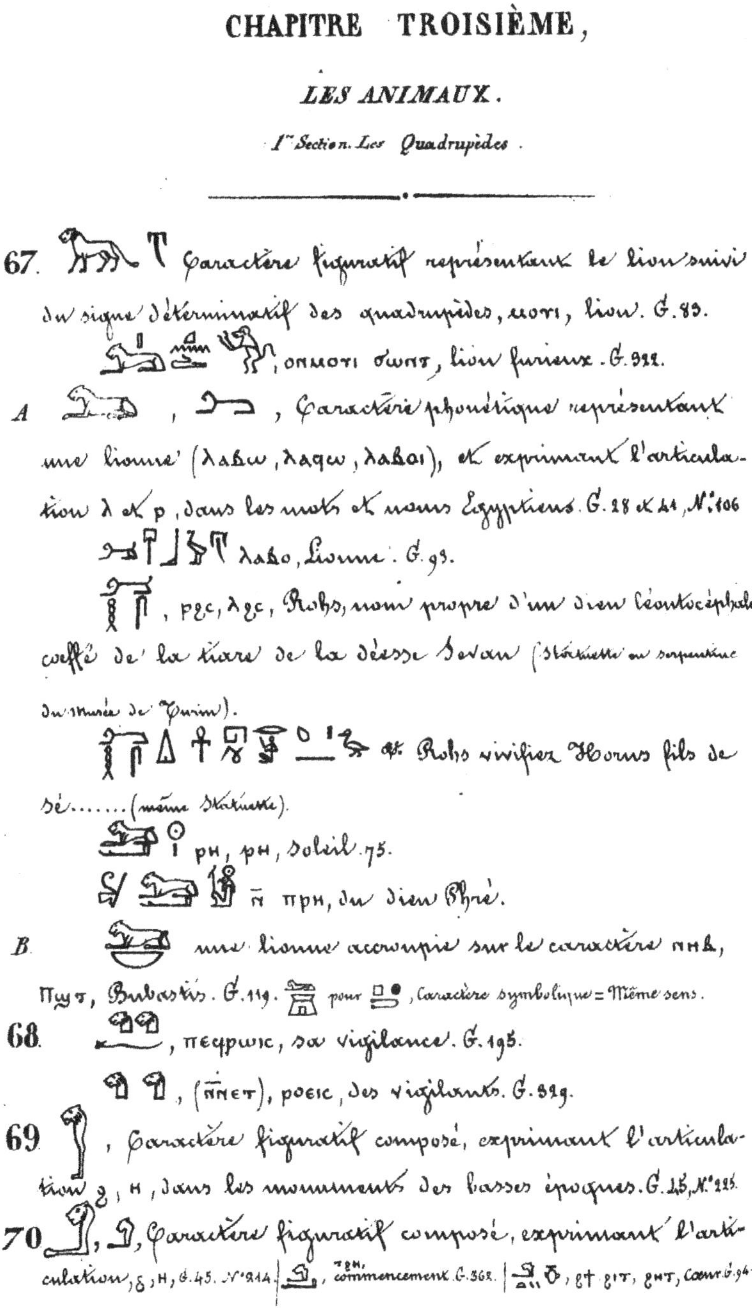

CHAPITRE TROISIÈME,

LES ANIMAUX.

1re Section. Les Quadrupèdes.

67. Caractère figuratif représentant le lion suivi du signe déterminatif des quadrupèdes, ⲙⲟⲩⲓ, lion. G. 83.

, ⲟⲛⲙⲟⲩⲓ ϭⲱⲛⲧ, lion furieux. G. 322.

A , , Caractère phonétique représentant une lionne (ⲗⲁⲃⲱ, ⲗⲁϥⲱ, ⲗⲁⲃⲟⲓ), et exprimant l'articulation ⲗ et ⲣ, dans les mots et noms Égyptiens. G. 28 et 41, N.° 106

ⲗⲁⲃⲟ, Lionne. G. 93.

, ⲣϩⲥ, ⲗϩⲥ, Rohs, nom propre d'un dieu léontocéphale coiffé de la tiare de la déesse Sevan (Statuette en serpentine du Musée de Turin).

et Rohs vivifier Horus fils de sé…… (même Statuette).

ⲣⲏ, ⲣⲏ, Soleil. 75.

ⲡ ⲡⲣⲏ, du dieu Phré.

B une lionne accroupie sur le caractère ⲛⲏⲃ, ⲡⲟⲩϣⲧ, Bubastis. G. 119. pour , Caractère symbolique = Même sens.

68. , ⲡⲉϥⲣⲱⲓⲥ, sa vigilance. G. 195.

, (ⲛ̄ⲛⲉⲧ), ⲣⲟⲉⲓⲥ, des vigilants. G. 329.

69 , Caractère figuratif composé, exprimant l'articulation ϩ, ⲏ, dans les monuments des basses époques. G. 45, N.° 225.

70 , , Caractère figuratif composé, exprimant l'articulation, ϩ, ⲏ, G. 45. N.° 214. | , ⲧϩⲏ, commencement G. 362. | , ϩⲧ ϩⲓⲧ, ϩⲏⲧ, Cœur G. 94.

SIGNÉ RAMSÈS

Intérieur d'un temple égyptien. Reproduction de Nestor L'Hôte, appartenant à une série de dessins élaborée avec la collaboration de Jean-François Champollion, 1828.

le jeune Jean-François ! N'importe quel amateur de mots croisés peut en effet compléter les cases manquantes, sans même avoir besoin de la définition donnée par Pascal : « *[Son] nez, s'il eût été plus court, la face du monde en eût été changé.* » Cléopâtre (en l'occurrence « cleopatra » pour respecter la transcription grecque). Ainsi l'intuition de Young s'appliquait à d'autres cartouches et Champollion avait maintenant à sa disposition, comme Legrand dans « Le Scarabée d'or » ou Sherlock Holmes dans « Les Hommes dansant », un nombre respectable de caractères qui lui permettait de tenter bien d'autres essais, par exemple le décryptage du cartouche :

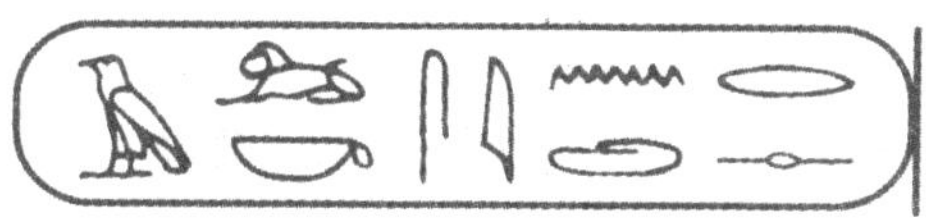

qui donnait « alksentrs », soit « Alexandre ». Restait un obstacle. Cléopâtre était elle-même une Ptolémée, descendant donc, elle aussi, d'un Macédonien de langue grecque. L'objection de Young pouvait là aussi s'appliquer. Il fallait vérifier la théorie avec des noms plus anciens, dont on fût sûr qu'ils ne provenaient pas d'une autre langue que l'égyptien. Le 14 septembre 1822, Champollion reçut des copies d'inscriptions provenant du temple d'Abou Simbel, très antérieures à la domination gréco-romaine. Première fièvre : ces noms-là aussi, contenus dans des cartouches, étaient épelés. Preuve que la théorie des idéogrammes perdait encore du terrain. Par une intuition « géniale », Champollion se concentra sur un cartouche contenant seulement quatre caractères, un disque, un trépied (caractères inconnus) et deux crosses de berger (caractère connu représentant le « s »). Ce qui donnait « _ _ss ». Le disque, se dit Champollion, pourrait bien être le soleil. Or « soleil », en copte, langue qui descend de celle des pharaons, se dit « ra ». Essayons : « Ra_ss ». Comme les scribes égyptiens avaient l'irritante manie d'omettre certaines voyelles, la solution s'imposa aussitôt à l'esprit du jeune homme. Le cartouche de quatre caractères désignait tout simplement l'un des pharaons les plus célèbres de l'histoire, celui-là même qui est cité dans la Bible : Ramsès qui vivait bien avant l'arrivée en Égypte des soldats d'Alexandre. Ainsi, les hiéroglyphes, le plus souvent, n'étaient pas des idéogrammes comparables à ceux des Chinois. Ils représentaient des sons, souvent le son produit par le nom de l'objet qu'ils représentent, comme dans le cas du disque solaire représentant le son « ra » à la manière d'un rébus. Semblable à la langue copte, faite d'un mélange d'idéogrammes et de lettres, la langue hiéroglyphique perdait ses secrets. Parvenu a cette conclusion, en tous sens lumineuse, Champollion se précipita dans le bureau de son frère et cria, tel Napoléon à Austerlitz : « *Je tiens l'affaire !* » puis il s'évanouit. Ainsi les hiéroglyphes étaient-ils l'équivalent d'un code mixte, utilisant la substitution en général (un caractère en représente un autre, sur la base de la phonétique) et parfois le symbolisme (un caractère représente un mot entier). Le code même qu'utilisait l'infortunée Marie Stuart, bien après Ramsès mais bien avant Champollion… Comme le code de César, les codes mixtes, donc, ne résistent pas à la patience des cryptanalystes. Quel que fût le raffinement de leurs variantes, il y avait toujours un Legrand, un Holmes ou un Champollion pour en venir à bout. Jusqu'au jour ou un diplomate inventa le code « incassable », dont le mystère reste impénétrable.

En relisant le chapitre, sagace lecteur, tu trouveras facilement la signification de ce cartouche, qui désigne un homme extraordinaire qui a failli être l'un des derniers pharaons d'Égypte et qui joue dans l'histoire de ce pays un rôle décisif...

Énigme IV

CHAPITRE CINQUIÈME

OY YAKTOQ DW IYD*

*LE MASQUE DE FER

LE MASQUE DE FER

L'homme au masque de fer : l'un des prisonniers les plus célèbres de l'histoire française.

LE MASQUE DE FER

Du carré de Vigenère au Grand Chiffre de Louis XIV, des siècles de mystère.

On l'avait vu se promenant au crépuscule sur les remparts de Pignerol. C'était un gentilhomme assurément, portant perruque, chapeau et pourpoint. Mais quand il s'était retourné, on avait eu peur : son visage était recouvert d'un masque de métal qui lui donnait un aspect monstrueux. Ses gardiens le traitaient avec respect mais dès qu'ils se rendirent compte qu'il avait été vu, ils l'avaient précipitamment repoussé vers l'intérieur du château fort. Aussitôt, la légende fit le tour du royaume : il y avait dans la forteresse de Pignerol, en Piémont, un prisonnier si important, à l'histoire si saisissante, qu'on cachait son visage même à ses geôliers, puisque personne ne doutait que le masque était en fer pour que seuls ceux qui en détenaient la clé puissent le voir.

LE MASQUE DE FER

La légende débuta le 19 novembre 1703 à la Bastille lorsque l'on découvrit le corps du « Masque de fer » mort. Un homme enfermé aussi longtemps et dont le visage était caché de tous ne pouvait qu'inspirer le mystère.

Depuis, les explications les plus fantasques ont circulé. C'est un jumeau de Louis XIV, a-t-on dit, enfermé par peur d'une querelle dynastique. C'est le fils de Louis XIV et de Louise de la Vallière, sa maîtresse, mis au secret pour éviter le scandale. Ou encore un fils indésirable d'Anne d'Autriche. Ou bien Molière, tombé en disgrâce. Ou enfin le bel Henri II de Guise, prince de Joinville et frère de Marie de Lorraine. Voltaire, pour dénoncer les méthodes inhumaines de l'absolutisme, accrédita, dans *Le Siècle de Louis XIV*, la thèse du frère jumeau du roi enfermé toute sa vie pour raison d'État. Au XIXe siècle, Victor Hugo voulut s'en saisir pour composer un drame romantique mais il s'aperçut qu'Alexandre Dumas avait fait de la légende du « Masque de fer » la base de son roman *Le Vicomte de Bragelonne*, dernière époque du cycle des Trois Mousquetaires. La thèse de Voltaire, de Hugo et de Dumas s'est maintenant imposée dans l'esprit du public : le frère caché de Louis XIV se cachait derrière le masque.

Pourtant, la cryptanalyse a depuis plus d'un siècle mis au jour une autre explication, certes contestée par certains auteurs, mais beaucoup plus plausible.

Louis XIV, sans doute l'un des premiers, avait résolu, pour son époque en tout cas, la question du secret nécessaire des correspondances d'État, en dépit de l'adresse montrée par les cryptanalystes armés de la méthode des fréquences. Il avait eu recours à deux spécialistes, un père et son fils, Antoine et Bonaventure Rossignol, qui servaient depuis longtemps la couronne de France. Industrieux, ingénieux, malicieux, les Rossignol sont passés à la postérité : leur patronyme est devenu un nom commun qui désigne l'instrument servant à forcer les serrures. Cryptographes autant que serruriers, les Rossignol élaborèrent un code d'une grande puissance qu'aucun spécialiste du temps ne parvint à briser, assurant à Louis XIV la sécu-

Antoine Rossignol (1600-1682) était réputé pour être l'un des meilleurs experts en codes, autant pour les élaborer que pour les décrypter. Il donna son nom à un jeu de clés passe-partout.

rité absolue de ses messages et qu'on n'appela plus autrement que le « Grand Chiffre ». Ce code fut ensuite perdu et une foule de messages du Roi-Soleil restèrent incompréhensibles.

Deux siècles plus tard, un cryptanalyste de l'armée française, le commandant Étienne Bazeries, décida de s'attaquer au Grand

Chiffre. Il mit trois ans pour le déchiffrer, à la fin du XIXe siècle. Le Grand Chiffre comportait en effet plusieurs centaines de nombres et non les vingt-six signes qui auraient dénoncé un code de substitution classique. Bazeries supposa d'abord que ces nombres désignaient des paires de lettres, des digrammes (il y a quelque six cents digrammes possibles dans la langue française), mais il aboutit à une impasse. Il supposa ensuite qu'il s'agissait de syllabes entières, codées une à une, qu'il se mit à chercher selon l'analyse des fréquences. Mais il progressait avec une lenteur exaspérante.

Jusqu'au jour où il eut l'idée, sachant que Louis XIV avait passé son règne en guerres incessantes, de remplacer l'une des combinaisons de chiffres qui apparaissaient le plus souvent par la locution « les ennemis ». L'hypothèse parut satisfaisante et Bazeries appliqua les syllabes décryptées à d'autres mots, qui apparurent les uns après les autres. Le Grand Chiffre était donc un code de substitution fondé non sur le remplacement des lettres de l'alphabet par d'autres lettres, mais sur la substitution de syllabes entières. Avec quelques pièges supplémentaires : les Rossignol avaient prévu des caractères qui indiquaient seulement qu'il fallait effacer le nombre précédent ; ou encore des nombres qui désignaient une seule lettre et non une syllabe, à rebours du système général. Très content de lui, Bazeries se mit à déchiffrer toutes sortes de messages émanant en leur temps de la cour de Versailles.

LE MASQUE DE FER

Le roi de France Louis XIV (1638-1715) et son conseil, parmi lequel étaient notamment présents M. de la Vrillière, le marquis de Louvois et Jean-Baptiste Colbert. Gravure de l'almanach de 1683.

Jusqu'au jour où il tomba sur une lettre de Louvois qui le plongea dans la fièvre. Le ministre de Louis XIV contait l'histoire du maréchal de Bulonde, chargé par le roi de tenir la place de Coni, en Piémont, et qui l'avait rendue à l'ennemi avant même que celui-ci ne donne l'assaut. Furieux, le roi avait ordonné l'emprisonnement de Bulonde à Pignerol. Mais comme il s'agissait d'un grand personnage, le prisonnier serait traité avec égard et on l'autoriserait même à se promener sur les remparts, à condition qu'il porte en permanence un masque inamovible, composé de plaques de métal forgé. Ainsi, grâce aux efforts d'un cryptanalyste militaire, le mystère du « Masque de fer » était enfin dissipé, après deux siècles d'incertitude.

Bazeries fut contesté dans ses conclusions : on soutint que le passage sur le masque était traduit de manière trop relâchée pour emporter la conviction. On demanda aussi pourquoi il aurait fallu, dès lors que Bulonde avait failli et que le roi avait une bonne raison de sévir, que le prisonnier fût masqué et que son identité fût farouchement dissimulée.

Mais la leçon principale de l'affaire est que même le Grand Chiffre, inexpugnable pendant deux siècles, pouvait succomber à la magie de l'analyse des fréquences, quand bien même elle s'appliquerait aux syllabes. Aucun code n'était à l'abri.
Le problème avait pourtant été résolu bien avant le Grand Chiffre

mais, curieusement, cette solution n'avait pas été prise en compte par les grands États. Elle était pourtant bien là, dans les grimoires des savants et des administrateurs de la Renaissance. Plusieurs cryptographes avaient ouvert la voie. Mais ce fut Blaise de Vigenère, un diplomate français en poste à Rome qui se retira à l'âge de 40 ans pour se consacrer à l'étude, qui en donna la forme achevée. On connaît bien le problème de base : même avec toutes sortes de raffinements, le code de substitution le plus compliqué recèle des répétitions de caractères qui permettent au cryptanalyste de s'appuyer sur la méthode des fréquences pour se frayer un chemin vers la vérité. Il faut donc trouver le moyen d'éviter dans le message chiffré les régularités statistiques qui se trouvent immanquablement dans le message en clair, puisque ces régularités sont constitutives des langues du monde entier. Vigenère trouva la solution : changer en cours de transcription d'alphabet de substitution. Par exemple prendre comme référence non pas un mais deux alphabets alternatifs. On disposera ainsi de trois alphabets, l'un ordinaire, les deux autres chiffrés selon le principe de César :

A B C D E F G H I J K L M N O P Q R S T U V W X Y Z
d e f g h i j k l m n o p q r s t u v w x y z a b c
g h i j k l m n o p q r s t u v w x y z a b c d e

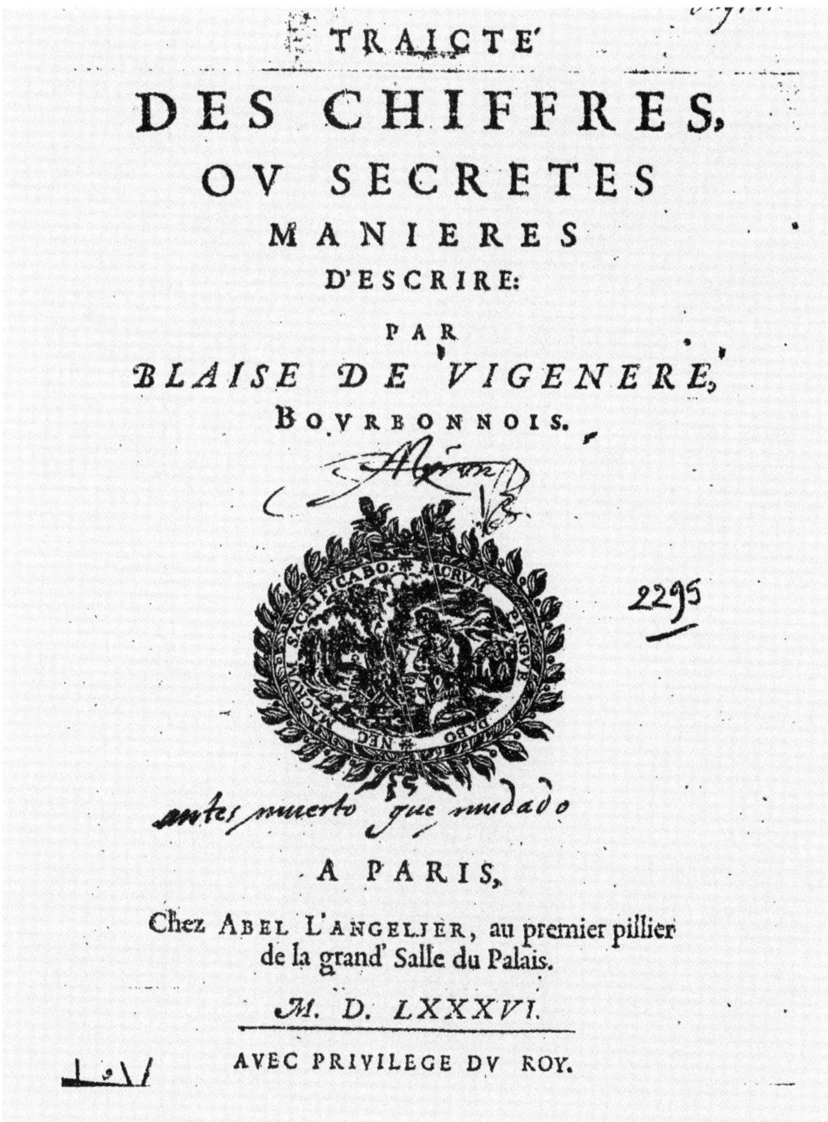

TRAICTE'

DES CHIFFRES,

OV SECRETES

MANIERES

D'ESCRIRE:

PAR

BLAISE DE VIGENERE,

BOVRBONNOIS.

A PARIS,

Chez ABEL L'ANGELIER, au premier pillier
de la grand' Salle du Palais.

M. D. LXXXVI.

AVEC PRIVILEGE DV ROY.

Le Traicté des chiffres ou Secrètes manières d'escrire (1586),
de Blaise de Vigenère, est une œuvre de référence pour l'art de la cryptologie.

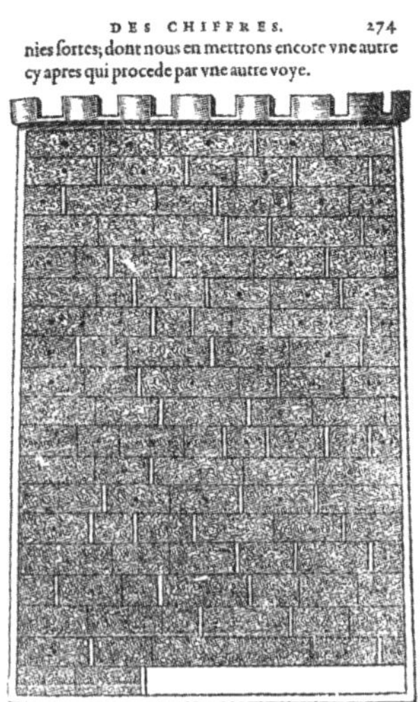
DES CHIFFRES. 274
nies fortes; dont nous en mettrons encore vne autre cy apres qui procede par vne autre voye.

Ci-dessus, trois codes secrets décrits dans le traité de Vigenère. Que ce soient les étoiles dans les nuages, le nombre de feuilles sur les branches ou la position des pierres, chacun a sa spécificité pour dissimuler un message.

Si l'on veut chiffrer un mot simple, par exemple « belle », on cherchera la lettre nouvelle tour à tour dans les deux alphabets chiffrés.Ce qui donne :

B = E ; E = K ; L = O ; L = R ; E = H

soit, pour « belle », le mot chiffré « ekorh ». On remarque tout de suite qu'une lettre en clair qui se répète, avec ce système, n'est pas transcrite par la même lettre chiffrée. Le « e », par exemple, devient une fois « k » et une autre fois « h ». Ce qui ruine évidemment la méthode des fréquences, qui repose sur la permanence du lien entre l'alphabet chiffré et l'alphabet clair. On peut encore raffiner le nouveau système, ce qu'a fait Vigenère en inventant ce qu'il est désormais convenu d'appeler le « carré de Vigenère ». On dispose non pas de trois mais de vingt-six alphabets l'un sous l'autre, en les décalant d'une seule lettre chaque fois. À l'aide d'un mot-clé connu seulement des deux interlocuteurs, on détermine les colonnes qui seront utilisées. On peut ensuite chiffrer en étant sûr que les lettres seront transcrites de manière suffisamment aléatoire pour empêcher toute analyse de fréquence. Ainsi les cryptographes l'emportaient sur les cryptanalystes. Les codes redevenaient sûrs.

Bien plus tard, un Allemand, se fondant sur le même principe, trouva une solution encore plus solide. Il inventa une machine à crypter dont la clé changeait automatiquement à chaque lettre,

LE MASQUE DE FER

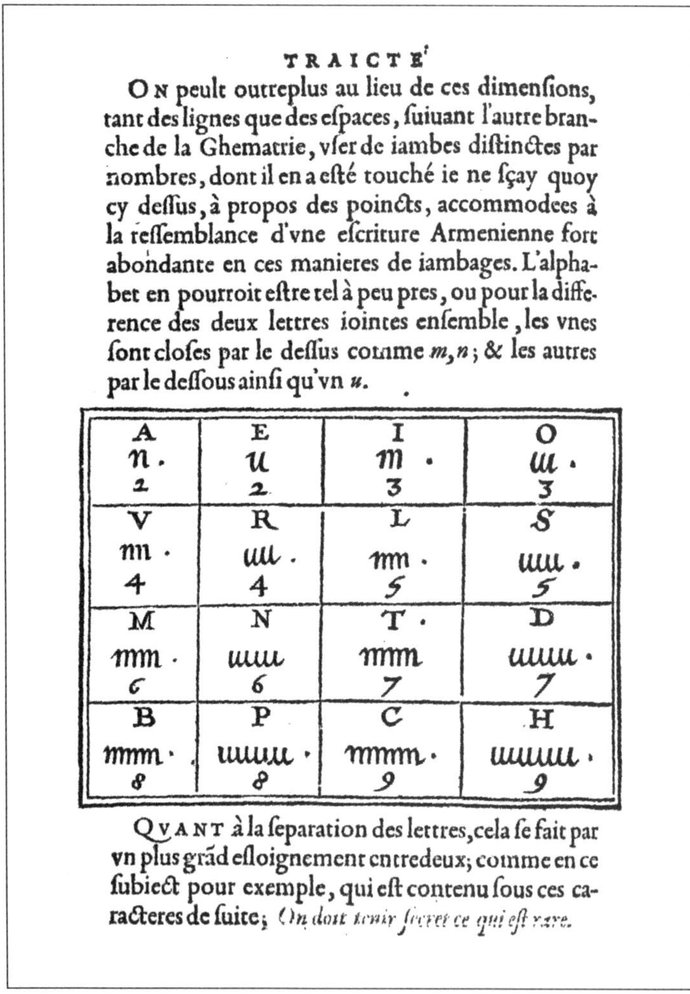

TRAICTE'

On peult outreplus au lieu de ces dimenſions, tant des lignes que des eſpaces, ſuiuant l'autre branche de la Ghematrie, vſer de iambes diſtinctes par nombres, dont il en a eſté touché ie ne ſçay quoy cy deſſus, à propos des poincts, accommodees à la reſſemblance d'vne eſcriture Armenienne fort abondante en ces manieres de iambages. L'alphabet en pourroit eſtre tel à peu pres, ou pour la difference des deux lettres iointes enſemble, les vnes ſont cloſes par le deſſus comme *m*, *n*; & les autres par le deſſous ainſi qu'vn *u*.

A n . 2	E u 2	I m . 3	O uu . 3
V nn . 4	R uu . 4	L nm . 5	S uuu . 5
M mm . 6	N uuu 6	T . mm 7	D uuuu . 7
B mmm . 8	P uuuu . 8	C mmm . 9	H uuuuu . 9

Qvant à la ſeparation des lettres, cela ſe fait par vn plus grād eſloignement entredeux; comme en ce ſubiect pour exemple, qui eſt contenu ſous ces caracteres de ſuite; *On doit tenir ſecret ce qui eſt rare.*

Tableau extrait du traité de Vigenère. Une lettre est équivalente à un iambe (une syllabe brève suivie d'une longue), lui-même correspondant à un chiffre. Système de codage inspiré de la langue arménienne.

une sorte de carré de Vigenère au nombre d'alphabets infini, qu'il baptisa « Enigma » et qui tint un rôle crucial dans la Seconde Guerre mondiale.

Voici un message indéchiffrable. Les moyens normaux de la cryptanalyse seront impuissants à le décrypter. Pour une raison simple, expliquée dans le texte : il a été chiffré grâce à un carré de Vigenère (tableau ci-contre). Autrement dit, la méthode des fréquences ne peut pas s'appliquer, puisque chaque lettre est chiffrée avec un alphabet différent, ce qui fait qu'il n'y a pas de correspondance fixe entre la lettre chiffrée et la lettre en clair. Ce code incassable, bien sûr, a été cassé (au bout de deux siècles). Mais pour y parvenir, il faut de très bonnes connaissances en cryptologie, beaucoup de temps et un message beaucoup plus long que celui ci-contre (pour retrouver certaines régularités statistiques). À moins, bien sûr, de connaître le mot-clé. Dans ce cas, il ne reste plus qu'à déchiffrer en plaçant ce mot clé sous le message en le répétant autant de fois que nécessaire. Si le mot-clé est « code », on sait que la première lettre du message (un « l », par exemple) est chiffrée de la manière suivante : on cherche le « l » dans la première colonne à gauche (celle qui commence par « a »). Une fois le « l » trouvé, on suit la ligne vers la droite jusqu'à la colonne qui commence par « c » (la première lettre de « code »). C'est la troisième. On tombe sur un « n ». Ainsi le « l » devient « n ». Pour la deuxième lettre du message, même chose, sinon qu'on va dans la colonne qui commence par un « o » (la deuxième lettre de « code ») pour trouver le caractère crypté. Puis on continue en suivant l'ordre des colonnes indiqué par le mot clé qui se répète (les colonnes suivantes sont donc « d », puis « e », puis « c », puis « o », etc.). Pour décrypter, on suit la méthode inverse. Mais quel est le mot-clé de cette énigme ? Sache, impavide lecteur, que c'est le patronyme d'un écrivain français très connu au XIXe siècle, fils d'un général né à Saint-Domingue et dont l'une des plus célèbres héroïnes répond au doux nom de Mercedes. Il a servi aussi à coder le titre du présent chapitre.

Énigme V

XH BOMU NAUK WIGS HROD UF

□□ □□□□ □□□□ □□□□ □□□□ □□

Clair	a	b	c	d	e	f	g	h	i	j	k	l	m	n	o	p	q	r	s	t	u	v	w	x	y	z
1	B	C	D	E	F	G	H	I	J	K	L	M	N	O	P	Q	R	S	T	U	V	W	X	Y	Z	A
2	C	D	E	F	G	H	I	J	K	L	M	N	O	P	Q	R	S	T	U	V	W	X	Y	Z	A	B
3	D	E	F	G	H	I	J	K	L	M	N	O	P	Q	R	S	T	U	V	W	X	Y	Z	A	B	C
4	E	F	G	H	I	J	K	L	M	N	O	P	Q	R	S	T	U	V	W	X	Y	Z	A	B	C	D
5	F	G	H	I	J	K	L	M	N	O	P	Q	R	S	T	U	V	W	X	Y	Z	A	B	C	D	E
6	G	H	I	J	K	L	M	N	O	P	Q	R	S	T	U	V	W	X	Y	Z	A	B	C	D	E	F
7	H	I	J	K	L	M	N	O	P	Q	R	S	T	U	V	W	X	Y	Z	A	B	C	D	E	F	G
8	I	J	K	L	M	N	O	P	Q	R	S	T	U	V	W	X	Y	Z	A	B	C	D	E	F	G	H
9	J	K	L	M	N	O	P	Q	R	S	T	U	V	W	X	Y	Z	A	B	C	D	E	F	G	H	I
10	K	L	M	N	O	P	Q	R	S	T	U	V	W	X	Y	Z	A	B	C	D	E	F	G	H	I	J
11	L	M	N	O	P	Q	R	S	T	U	V	W	X	Y	Z	A	B	C	D	E	F	G	H	I	J	K
12	M	N	O	P	Q	R	S	T	U	V	W	X	Y	Z	A	B	C	D	E	F	G	H	I	J	K	L
13	N	O	P	Q	R	S	T	U	V	W	X	Y	Z	A	B	C	D	E	F	G	H	I	J	K	L	M
14	O	P	Q	R	S	T	U	V	W	X	Y	Z	A	B	C	D	E	F	G	H	I	J	K	L	M	N
15	P	Q	R	S	T	U	V	W	X	Y	Z	A	B	C	D	E	F	G	H	I	J	K	L	M	N	O
16	Q	R	S	T	U	V	W	X	Y	Z	A	B	C	D	E	F	G	H	I	J	K	L	M	N	O	P
17	R	S	T	U	V	W	X	Y	Z	A	B	C	D	E	F	G	H	I	J	K	L	M	N	O	P	Q
18	S	T	U	V	W	X	Y	Z	A	B	C	D	E	F	G	H	I	J	K	L	M	N	O	P	Q	R
19	T	U	V	W	X	Y	Z	A	B	C	D	E	F	G	H	I	J	K	L	M	N	O	P	Q	R	S
20	U	V	W	X	Y	Z	A	B	C	D	E	F	G	H	I	J	K	L	M	N	O	P	Q	R	S	T
21	V	W	X	Y	Z	A	B	C	D	E	F	G	H	I	J	K	L	M	N	O	P	Q	R	S	T	U
22	W	X	Y	Z	A	B	C	D	E	F	G	H	I	J	K	L	M	N	O	P	Q	R	S	T	U	V
23	X	Y	Z	A	B	C	D	E	F	G	H	I	J	K	L	M	N	O	P	Q	R	S	T	U	V	W
24	Y	Z	A	B	C	D	E	F	G	H	I	J	K	L	M	N	O	P	Q	R	S	T	U	V	W	X
25	Z	A	B	C	D	E	F	G	H	I	J	K	L	M	N	O	P	Q	R	S	T	U	V	W	X	Y
26	A	B	C	D	E	F	G	H	I	J	K	L	M	N	O	P	Q	R	S	T	U	V	W	X	Y	Z

CHAPITRE SIXIÈME

VEELI OAUAL YUXIL ACDGE GREUX*

*VOYAGE AU CREUX DE L'AIGUILLE

« La Mine de diamant », gravure tirée d'une version du livre *Voyage au centre de la Terre* (1864), de Jules Verne, datant du XIXe siècle.

VOYAGE AU CREUX DE L'AIGUILLE

**Quel est le point commun entre Jules Verne, Louis XVI et Maurice Leblanc ?
Leur talent
pour imaginer des codes sophistiqués.**

Jules Verne, cela ne surprendra personne, a choisi la nouveauté. Pour écrire l'un de ses plus célèbres romans, il a emprunté une voie inédite de la cryptographie. Et cette voie l'a mené au centre de la Terre.

À cause des lettrés arabes, tout était devenu trop simple. Au Moyen Âge, les savants musulmans, bien plus avancés que les chrétiens, avaient réussi une percée décisive : en comptant les signes d'un message secret, on parvenait toujours à le déchiffrer. Dans les différentes langues, les lettres n'apparaissent pas avec la même fréquence ; en français, les « e » pullulent, tandis que les « y » ou les « w » font le plus souvent défaut. Chaque lettre a donc sa signature statistique.

VOYAGE AU CREUX DE L'AIGUILLE

« Journée au centre de la Terre », illustration d'Edouardo Riou, tirée de *Voyage au centre de la Terre*, de Jules Verne, datant de 1870.

Pour peu que le message ne soit pas trop court, on repère vite, à leur fréquence, les « e », les « a », les « s ». Ceux-ci livrent à leur tour le secret des mots courts, les « le », « la », « et » ou « que », qui fournissent chacun une précieuse consonne. Ensuite le code s'écroule avec une rapidité fascinante et le texte clair, telle la vérité nue, sort de son puits. Edgar Allan Poe ou Arthur Conan Doyle ont fait de cette méthode dite des « fréquences » le ressort de certaines de leurs nouvelles .

Ce problème, Jules Verne le traite en ouverture de *Voyage au centre de la Terre*. Savant quelque peu excentrique, le professeur Lidenbrock, géologue à Hambourg, trouve dans un vieux livre islandais un

Jules Verne (1828-1905) est un écrivain dont l'œuvre est consacrée à des romans d'aventures et de science-fiction. Son imagination a fait de lui un visionnaire.

parchemin couvert de caractères runiques, œuvre d'Arne Saknussemm, alchimiste célèbre au Moyen Âge. Lidenbrock traduit chacun de ces caractères en lettres européennes : le message reste tout aussi obscur. Lidenbrock est alors saisi d'une intuition. Il devine que le code de Saknussemm n'est pas un code de substitution, analogue du code de César, mais un code de transposition. Il choisit alors un détour pédagogique. Il demande à son neveu et assistant Axel d'écrire sur un papier la première phrase qui lui vient à l'esprit. Amoureux de la fille du professeur, Grauben, Axel écrit cette candide déclaration : *« Je t'aime bien, ma petite Grauben ! »* Le professeur l'enjoint alors de transposer la phrase verticalement, en disposant les lettres en colonnes de cinq, ce qui produit un texte bizarre de forme à peu près rectangulaire :

J	M	N	E	G	E
E	E	,	T	R	N
T	B	M	I	A	!
A	I	A	T	U	X
I	E	P	E	B	X

Le sens, toutefois, apparaît facilement si on lit, l'une après l'autre, les colonnes au lieu des lignes. Lidenbrock demande ensuite à Axel de présenter le texte sur une seule ligne, ce qui donne un message nettement moins clair :

JMNEGE EE,TRN TBMIA! AIATU IEPEB

Ce système de chiffrement, tel que l'expose Lidenbrock à son neveu Axel, s'appelle la transposition. Il consiste, on le voit, à transposer les lignes d'un texte en colonnes, puis à mettre bout à bout les nouvelles lignes ainsi formées. Cette fois, la méthode des fréquences est impuissante : chaque lettre apparaît pour elle-même. C'est l'ordre des lettres qui change, comme dans une anagramme, mais une anagramme ordonnée selon une méthode bien précise.

À son aspect rectangulaire, Lidenbrock a deviné que le texte d'Arne Saknussemm avait été codé selon le principe de la transposition. Mais quand il transpose en sens inverse lignes et colonnes, le texte reste incompréhensible. Diable ! C'est son neveu Axel qui trouve la solution. Il fait chaud dans la bibliothèque du professeur. Axel s'évente avec le papier sur lequel il a transposé le texte de l'alchimiste. Il a soudain une illumination : au dos de la feuille, par transparence, des mots apparaissent en clair. Pour dérouter les cryptanalystes, Saknussemm a écrit ses phrases à l'envers. Axel rétablit le bon ordre, faisant apparaître ce fascinant message : « *Descends dans le cratère du Yocul de Sneffels, que l'ombre du Scartaris vient caresser avant les calendes de juillet, voyageur audacieux, et tu parviendras au centre de la Terre. Ce que j'ai fait. Arne Saknussemm.* »

Aussitôt Lidenbrock et son neveu s'équipent de pied en cap et prennent le bateau pour l'Islande. Dans le volcan de Sneffels, quand l'ombre du pic Scartaris vient s'étendre au fond du cratère, ils trouvent la faille qui va les conduire au centre de la Terre.

VOYAGE AU CREUX DE L'AIGUILLE

Couverture du livre *L'Aiguille creuse*, de Maurice Leblanc, illustrée par Léo Fontan, 1909.

L'idée d'indiquer un endroit secret par le mouvement du soleil qui projette une ombre ou un rayon dans une direction précise sera imitée souvent, par exemple par Spielberg dans *Indiana Jones*, qui l'a lui-même reprise de *L'Homme de Rio*, de Philippe de Broca. Quant au chiffrement par transposition, il rencontre un large succès au fil des siècles : on espère, avec lui, échapper à la malédiction des fréquences, qui menace tous les codes conçus jusque-là.

Pendant la Seconde Guerre mondiale, les agents envoyés par les Alliés dans l'Europe occupée transmettaient par radio clandestine des messages chiffrés selon une variante sophistiquée de la « double transposition », avec une clé destinée à brouiller l'ordre des colonnes. Mais le système était malcommode : il fallait passer des heures à chiffrer et à déchiffrer. Et surtout, il restait fragile : en essayant les diverses formes de transposition, les cryptanalystes réussissaient à comprendre les principes de chiffrement et à décoder les messages.

Arsène Lupin lui aussi innova. Ou plus exactement Maurice Leblanc, son géniteur littéraire, qui fit reposer l'intrigue de son opus majeur, *L'Aiguille creuse*, sur la cryptanalyse d'un message secret. Le gentleman cambrioleur a réussi à mettre la main sur un petit livre publié sous Louis XIV par un jeune aristocrate exalté. L'opuscule dévoile le secret immémorial de la monarchie : il existe, quelque part en France, une cache qui recèle un immense trésor. Amassé au fil des siècles – depuis les Gaulois, qui l'ont transmis à César et aux Romains, qui l'ont eux-mêmes légué aux dynasties gallo-romaines pour qu'il échoie finalement aux Capétiens –, il repose dans une salle immense, creusée dans le roc, à la fois refuge pour les temps troublés et fonds secret pour financer les guerres et les actions politiques.

Apprenant l'existence du livre, le Roi-Soleil a fait enfermer l'indiscret gentilhomme dans la forteresse de Pignerol, affublé d'un masque de fer destiné à cacher son identité à ses geôliers. Saisi par Lupin, l'opuscule du « Masque de fer », toutefois, reste vague quant à la localisation exacte du trésor. Pour une bonne raison : seuls les rois détenaient cet ultime secret, qu'ils transmettaient oralement à leur successeur et à lui seul. Mais Lupin a aussi trouvé un parchemin rédigé peu avant sa mort par Louis XVI à l'intention de Marie-Antoinette. Condamné à mort, isolé de la reine, le roi veut éviter que le secret ne se perde. Il consigne par écrit les coordonnées exactes de la cache royale, selon un code dont la reine connaît la clé. Ce qui donne ceci :

2. 1.1. .2..2.1.
.1 ..1...2 .2. .2.43.2..2.
.45. .2 .4.. .2 ..2.4..2
D DF § 19 F + 44 § 357 §
13.53..2 ..25.2

De prime abord, l'affaire est déconcertante. Mais en appliquant la méthode des fréquences, on voit que le chiffre le plus fréquent est le 2. On le remplace donc par « e ». Puis on s'aperçoit vite qu'en fait les voyelles du texte ont été remplacées par leur numéro : 1 pour « a », 2 pour « e », 3 pour « i », 4 pour « o », 5 pour « u », selon un code simplissime. On a alors une nouvelle version du texte :

E. A.A. .E..E.A.
.A ..A...E .E. .E.OI.E..E.
.OU. .E .O.. .E ..E.O..E
D DF § 19 F + 44 § 357 §
AI.UI..E ..EU.E

Reste à deviner les consonnes. L'opération est plus facile lorsque les mots sont courts et distincts, ce qui est le cas à la dernière ligne. Le premier, « ai _ ui _ _ e », se déduit facilement : il s'agit manifestement du mot « aiguille », le seul qui puisse contenir les voyelles indiquées. Quant au deuxième, on élimine vite « pleure » ou « bleuté », qui ne sont pas logiques derrière le mot « aiguille » , pour tomber sur « creuse ». « Aiguille creuse » : voilà un premier indice.

Dans un premier temps, les poursuivants d'Arsène Lupin, le jeune Isidore Beautrelet, le préfet de police et le détective anglais Herlock Sholmès pensent qu'il s'agit du château de l'Aiguille,

La falaise nord d'Étretat, dite d'Amont,
ou encore appelée l'Aiguille pendant une tempête.
Les écrivains Flaubert et Maupassant ont été des fidèles de la plage
et du village d'Étretat. Gravure de 1850.

construit au bord de la Creuse par Louis XIV. Mais c'est une ruse du Roi-Soleil. L'« aiguille creuse », Beautrelet va la découvrir en arpentant la Normandie, théâtre habituel des exploits de Lupin : il s'agit de l'immense rocher de craie grise qui se dresse à quelques mètres des falaises d'Étretat. En face de l'aiguille, qui serait donc creuse, il existe dans le fort de Fréfossé une excavation appelée « la chambre des demoiselles ». À partir de là, le reste du message tombe de lui-même :

EN AVAL DETRETAT
LA CHAMBRE DES DEMOISELLES
SOUS LE PORT DE FREFOSSE
D DF § 19 F + 44 § 357 §
AIGUILLE CREUSE

La quatrième ligne reste mystérieuse. Elle désigne en fait des indices disséminés dans la « chambre des demoiselles » et dans le souterrain qui conduit à l'« aiguille creuse ». On les découvre au fur et à mesure de la progression vers le repaire secret des rois de France, devenu celui d'Arsène Lupin.

Les messages secrets, on le voit dans la fiction comme dans la réalité, restent rarement secrets. Grâce à la méthode des fréquences, base de toute cryptanalyse, mais aussi par l'usage des transpositions, ou encore la connaissance du contexte du message qui livre souvent des indices disparates mais précieux – comme dans le cas de la Normandie et d'Étretat –, les codes les mieux conçus finissent par craquer, plongeant leurs utilisateurs dans la confusion et la défaite. À cause d'un code mal protégé, Marie Stuart fut exécutée. À cause d'un code mal protégé, Napoléon faillit perdre la bataille d'Eylau. À cause d'un code mal protégé, la cryptanalyse du « télégramme Zimmermann » par les Britanniques persuada les États-Unis de la mauvaise foi de l'Allemagne pendant la Première Guerre mondiale et précipita leur entrée en guerre. À cause d'un code mal protégé, l'offensive suprême de l'armée allemande en 1918 fut éventée par les cryptanalystes français. L'armée de Foch se regroupa à l'endroit de l'offensive et la mit en échec, détruisant les derniers espoirs de l'état-major impérial. À cause d'un code mal protégé, on est aussi en mesure, aujourd'hui, de résoudre l'une des plus célèbres affaires de la guerre froide : l'affaire Rosenberg.

Gérald Du Maurier dans le rôle mythique d'Arsène Lupin.

Voici une nouvelle énigme. Il s'agit cette fois d'un code nouveau, inspiré de celui qui est décrit au début de ce chapitre, le code de transposition. Il faut seulement savoir que la transposition ne se fait pas toujours avec des rectangles de cinq caractères de côté. Il peut y en avoir plus, ou moins. Ces deux phrases codées, à déchiffrer deux lignes par deux lignes, représentent des titres de romans.

Énigme VI

C	M	E	O	T	L	I	A	N	N	M	I	N	I	B	V	I	E
Q	N	A	I	L	U	S	E	L	N	L	E	E	S	L	G	E	S

S	S	E	R	L	X	O	M	L	R	U	X	U	E	A	E	N	X
S	R	T	A	E	X	L	S	E	L	X	X	E	D	R	A	X	X

CHAPITRE SEPTIÈME

XB LJQK XLCUWM NVF GLTCZGSZSB*

*LA FACE CRYPTÉE DES ROSENBERG

La face cryptée des Rosenberg

Julius Rosenberg et son épouse, Ethel Rosenberg, couple new-yorkais juif communiste, ont été arrêté en juillet 1950, puis furent jugés coupables d'espionnage pour le compte de l'URSS le 5 avril 1951 et exécutés le 19 juin 1953.

LA FACE CRYPTÉE DES ROSENBERG

Tous mentaient : les époux condamnés, les autorités américaines et les Russes. La culpabilité de Julius Rosenberg n'a été prouvée que vingt ans plus tard grâce au décryptage d'un ancien code soviétique.

La fin fut déchirante. Jusqu'au bout, les Rosenberg avaient crié leur innocence. Jusqu'au bout, l'opinion mondiale avait espéré leur grâce. Jusqu'au bout, leur amour réciproque avait ému la planète. Ethel avait recommandé ses enfants à la générosité de l'Amérique. Les deux petits avaient vu leurs parents une dernière fois à la prison de Sing Sing, pendant que le bourreau préparait la chaise électrique. « Les Rosenberg ne doivent pas mourir » : le pathétique appel resta sans écho, le Président Eisenhower refusa la grâce. Le 19 juin 1953, on attacha l'un après l'autre Julius et Ethel sur le fauteuil de métal. Ils sont morts dans la souffrance, succombant après plusieurs minutes de décharges électriques inhumaines. Pour le monde entier, c'était une erreur judiciaire monstrueuse ou, pire, un assassinat légal.

Julius Rosenberg entouré de deux agents du FBI, le jour de son arrestation.

LA FACE CRYPTÉE DES ROSENBERG

Et pourtant, des années plus tard, la cryptanalyse a rendu son verdict. Malgré cette campagne mondiale, malgré les incertitudes d'un procès manifestement injuste, malgré le courage des deux époux, un code mal protégé a livré la vérité : les Rosenberg étaient coupables. Cela ne justifie pas leur condamnation et encore moins leur exécution, tant les charges étaient minces au moment du procès. Mais le déchiffrement des messages soviétiques par la CIA a fourni aux historiens la certitude qui leur manquait : Julius Rosenberg était bien un agent soviétique dans l'Amérique des années 1950 et sa femme, sans doute, sa complice.

C'est le beau-frère de Julius, David Greenglass, qui a provoqué leur perte. Pendant la guerre, alors que les États-Unis et l'URSS sont alliés pour abattre le nazisme, plusieurs savants, anglo-saxons, décident d'aider les Soviétiques en les renseignant sur les fantastiques progrès réalisés par les laboratoires de l'Ouest. Ils sont sympathisants communistes ou membres du Parti ; ils estiment que l'Amérique ne doit pas avoir le monopole de l'atome. Une filière s'organise et Staline commence à recevoir des informations sur les projets de construction d'une bombe à la puissance inégalée. Jusqu'au jour où un scientifique anglais, Klaus Fuchs, est arrêté par le contre-espionnage britannique et accusé de trahison au profit de l'URSS.

Entre-temps, la bombe a explosé sur le Japon, la guerre a été gagnée et le conflit Est-Ouest a commencé. La crainte du communisme a provoqué aux États-Unis une paranoïa collective qui débouche sur les excès du maccarthysme, cette campagne de dénonciation des communistes présents aux États-Unis. En remontant la filière Fuchs, qui se prolonge jusque dans le centre de recherche de Los Alamos (Nouveau-Mexique), où l'on a construit la première bombe atomique, les services américains sont tombés sur un certain David Greenglass, qui a servi d'intermédiaire dans le réseau. Pour sauver sa tête, Greenglass parle. C'est son beau-frère, dit-il, qui l'a recruté et qui l'a encouragé à se faire embaucher à Los Alamos pour espionner. C'est encore lui qui recueillait les informations qu'il pouvait rapporter pour les transmettre ensuite aux Soviétiques. Et son beau-frère s'appelle Julius Rosenberg.

L'un après l'autre, les époux Rosenberg sont arrêtés à leur domicile du quartier populaire de Knickerbocker à Manhattan, pendant que leurs enfants sont confiés à des amis. Un an plus tard, alors que la guerre vient d'éclater en Corée, le procès a lieu. Les Rosenberg nient et les preuves produites par l'accusation sont fragiles : une commode banale qui aurait servi à Julius pour microfilmer les documents, un emballage d'entremets Jell-O qu'il aurait déchiré et donné à Greenglass pour qu'il s'en serve comme signe de reconnaissance avec un autre agent, des photos d'identité que les Rosenberg ont commandées, ce qui laisse supposer qu'ils projetaient de s'enfuir à l'étranger.

LA FACE CRYPTÉE DES ROSENBERG

Ethel et Julius Rosenberg en 1950.

LA FACE CRYPTÉE DES ROSENBERG

Manifestation en faveur des époux Rosenberg contre leur condamnation à mort, le 28 décembre 1952.

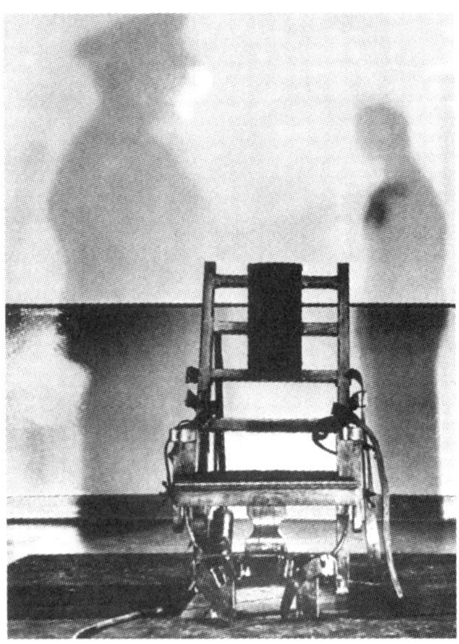

La chaise électrique sur laquelle Julius et Ethel ont été électrocutés en 1953, à la prison de Sing Sing.

Michaël et Robert Rosenberg rendent visite à leurs parents à la prison de Sing Sing, accompagnés par l'avocat Emmanuel Bloch, le 14 février 1953.

Pour le reste, rien, sinon les accusations de Greenglass. En dépit d'un dossier embryonnaire, le couple est condamné. Quelques mois plus tard, le Parti communiste américain, suivi par les PC du monde entier, lance une campagne de soutien. Les intellectuels, les militants de tous bords, les écrivains non communistes, les gouvernements et même le pape interviennent en faveur des Rosenberg. Rien n'y fait. Ils sont exécutés.

Vingt ans plus tard, à la faveur d'une loi qui déclassifie les dossiers du FBI, les enfants Rosenberg chargent un chercheur de dépouiller les archives désormais ouvertes. Ils espèrent démontrer l'innocence de leurs parents et obtenir leur réhabilitation. Mais là, surprise. On trouve dans le dossier Rosenberg les confessions d'un indicateur. Dans sa cellule, Julius lui a avoué sa culpabilité et lui a demandé de l'aider à entrer en contact avec le PC américain. Plus tard, ce sont des anciens du KGB qui viennent, eux aussi, affirmer dans leurs mémoires que Julius Rosenberg était bien un agent soviétique. Enfin, au milieu des années 1990, nouvelle révélation : on apprend que les services américains, depuis le milieu de la guerre, avaient réussi à décrypter les messages échangés entre Moscou et les missions commerciales russes aux États-Unis. Dans le cadre de l'opération « Venona », les cryptanalystes avaient cassé le code soviétique. Au milieu de milliers de documents rendus publics, on trouve une dépêche explicite : les Soviétiques parlent d'un agent nommé « Liberal », un jeune Juif new-yorkais, ancien membre du PC américain, dont la femme s'appelle Ethel et qui a des contacts avec la filière de l'espionnage atomique. C'est Julius Rosenberg.

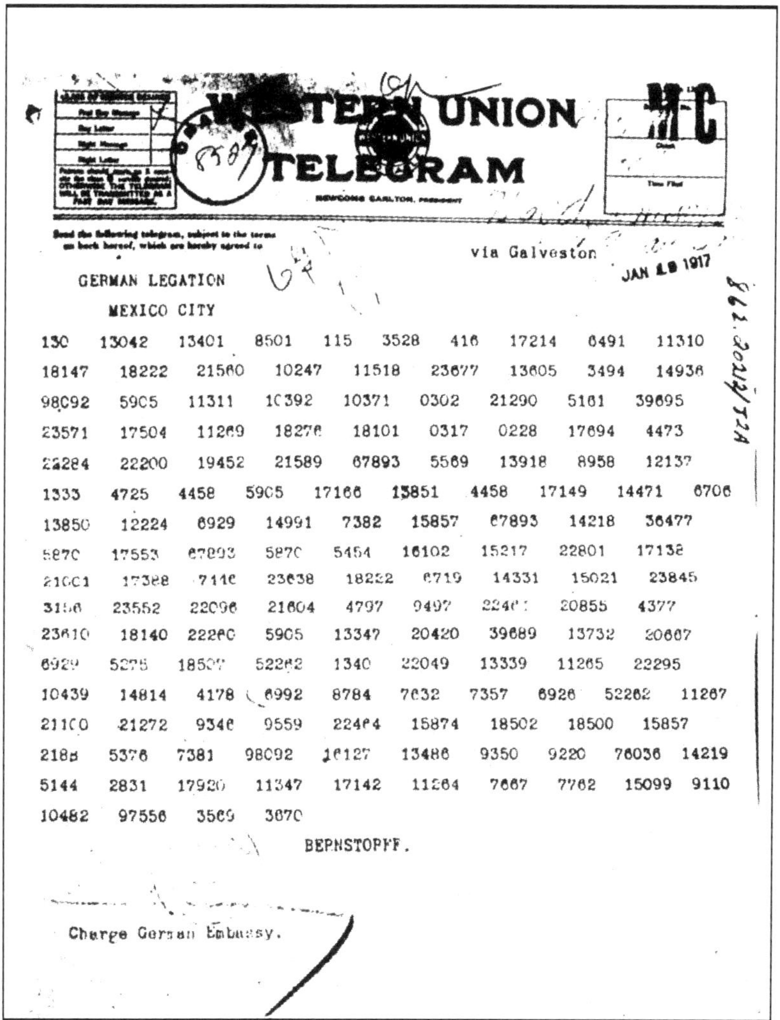

WESTERN UNION
TELEGRAM
NEWCOMB CARLTON, PRESIDENT

Send the following telegram, subject to the terms on back hereof, which are hereby agreed to

via Galveston

JAN 19 1917

GERMAN LEGATION

MEXICO CITY

130 13042 13401 8501 115 3528 416 17214 6491 11310
18147 18222 21560 10247 11518 23677 13605 3494 14936
98092 5905 11311 10392 10371 0302 21290 5161 39695
23571 17504 11269 18276 18101 0317 0228 17694 4473
22284 22200 19452 21589 67893 5569 13918 8958 12137
1333 4725 4458 5905 17166 13851 4458 17149 14471 6706
13850 12224 6929 14991 7382 15857 67893 14218 36477
5870 17553 67893 5870 5454 16102 15217 22801 17138
21001 17388 7446 23638 18222 6719 14331 15021 23845
3156 23552 22096 21604 4797 9497 22464 20855 4377
23610 18140 22260 5905 13347 20420 39689 13732 20667
6929 5275 18507 52262 1340 22049 13339 11265 22295
10439 14814 4178 6992 8784 7632 7357 6926 52262 11267
21100 21272 9346 9559 22464 15874 18502 18500 15857
2188 5376 7381 98092 16127 13486 9350 9220 76036 14219
5144 2831 17920 11347 17142 11264 7667 7762 15099 9110
10482 97556 3569 3670

BERNSTORFF.

Charge German Embassy.

Télégramme secret envoyé par le secrétaire d'État allemand aux Affaires étrangères, Alfred Zimmerman, le 19 janvier 1917, à son homologue mexicain lui faisant part de son intention de reprendre la guerre sous-marine à outrance et proposant aussi une alliance au Mexique, avec à la clé, en cas de victoire, l'annexion du sud des États-Unis.

Pourtant les Soviétiques utilisaient pour leurs communications secrètes un code en principe impossible à décrypter : le système du *one-time pad*, qu'on peut traduire par « clé jetable ». On sait que le code le mieux conçu présente toujours des régularités statistiques qui le rendent vulnérable à la cryptanalyse. Si le cryptanalyste n'arrive pas à reconstituer le message en clair, il s'attaque à la clé, comme dans le cas du carré de Vigenère. Mais il existe une parade à cette méthode : ne jamais utiliser deux fois la même clé. C'est-à-dire crypter le message avec une clé renouvelée en permanence. Pendant la Seconde Guerre mondiale, les agents envoyés en Europe avaient fini par recourir à ce système infaillible. Ils avaient sur eux un mouchoir de soie où étaient inscrites, en caractères minuscules, des séries aléatoires de chiffres ou de lettres. La première ligne servait à crypter le premier message, la deuxième, celui d'après, et ainsi de suite. Au fur et à mesure, l'agent découpait le mouchoir pour se débarrasser de la clé déjà utilisée. Dans ces conditions, à moins de posséder soi-même la série de chiffres ou de lettres, le cryptanalyste ne disposait d'aucune régularité interne au texte qui lui aurait permis de percer le secret.

Les Soviétiques avaient transposé le *one-time pad* dans un livre dont chaque page contenait des séries aléatoires. Ils changeaient de page à chaque message. Malheureusement pour eux, la paresse bureaucratique, fréquente en régime communiste, les avait trahis.

LA FACE CRYPTÉE DES ROSENBERG

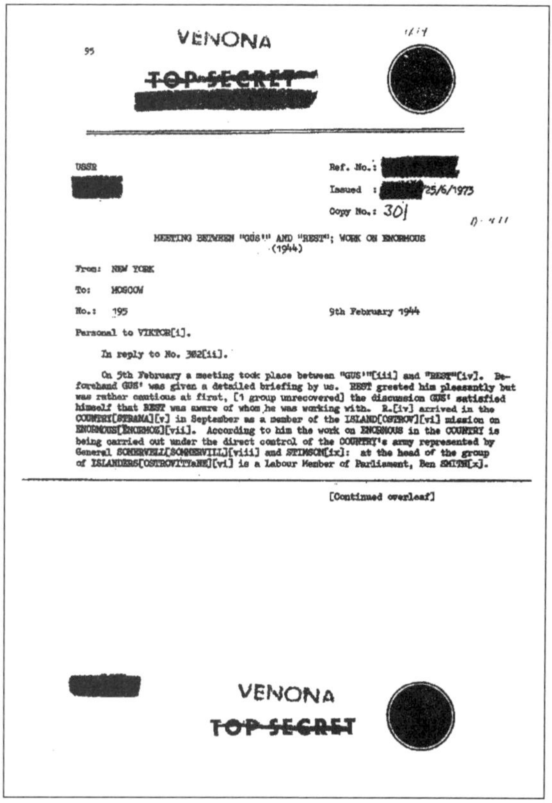

VENONA

~~TOP SECRET~~

[redacted]

USSR

[redacted]

Ref. No.: [redacted]

Issued : [redacted] 25/6/1973

Copy No.: 301

MEETING BETWEEN "GUS'" AND "REST"; WORK ON ENORMOUS (1944)

From: NEW YORK

To: MOSCOW

No.: 195 9th February 1944

Personal to VIKTOR[i].

In reply to No. 302[ii].

On 5th February a meeting took place between "GUS'"[iii] and "REST"[iv]. Beforehand GUS' was given a detailed briefing by us. REST greeted him pleasantly but was rather cautious at first, [1 group unrecovered] the discussion GUS' satisfied himself that REST was aware of whom he was working with. R.[iv] arrived in the COUNTRY[STRANA][v] in September as a member of the ISLAND[OSTROV][vi] mission on ENORMOUS[ENORMOZ][vii]. According to him the work on ENORMOUS in the COUNTRY is being carried out under the direct control of the COUNTRY's army represented by General SOMERVELL[SOMMERVILL][viii] and STIMSON[ix]: at the head of the group of ISLANDERS[OSTROVITYaNE][vi] is a Labour Member of Parliament, Ben SMITH[x].

[Continued overleaf]

[redacted]

VENONA

~~TOP SECRET~~

Rapport du projet « Venona ». Il apporta des éléments sur Julius et Ethel Rosenberg, mettant en évidence le fait que Julius était engagé dans des opérations d'espionnage, mais aussi qu'Ethel n'était rien de plus qu'une complice.

Par nonchalance, ou par négligence, les agents avaient fini par utiliser plusieurs fois les mêmes pages de clés. Du coup, les cryptanalystes de l'équipe « Venona » avaient trouvé une prise sur le code soviétique, et bientôt ils réussirent à décrypter des milliers de messages. Commencée en 1943, l'opération se poursuivit jusque dans les années 1980 et ne prit fin qu'avec la chute du régime soviétique.

La découverte du projet « Venona » jette une lumière nouvelle sur l'affaire Rosenberg et sur le maccarthysme en général, cette campagne politico-judiciaire animée par le sénateur Joseph McCarthy et destinée à traquer les agents communistes infiltrés dans l'administration, les cercles intellectuels ou les milieux artistiques. Dans le cas Rosenberg, les autorités américaines détenaient une preuve de culpabilité de Julius. Mais elles ne pouvaient pas la produire au procès : les Soviétiques auraient compris que leur code avait été cassé et ils auraient renforcé leurs mesures de sécurité, tarissant une source précieuse de renseignements. Du coup, le gouvernement s'efforça de faire condamner les espions soviétiques aux États-Unis sans disposer de preuves propres à convaincre le public. Il est très probable, en revanche, que le sénateur McCarthy et les juges aient été mis dans le secret de « Venona ».

Ainsi, beaucoup d'affaires déclenchées par McCarthy – l'affaire Alger Hiss, par exemple – étaient marquées d'un triple mensonge. Les accusés se savaient coupables et mentaient ; les autorités les savaient coupables mais les accusaient sans preuve tangible ; les Soviétiques et le PC américain les savaient coupables mais clamaient leur innocence pour noircir la démocratie américaine, laquelle ne pouvait pas réagir, à moins de compromettre les sources « Venona ». Dans le cas Rosenberg, le FBI était convaincu que Julius et Ethel allaient craquer. La justice leur avait proposé la vie sauve en échange de leur confession. Mais les Rosenberg se sacrifièrent, dans une comédie mortelle : ils refusèrent de parler pour faciliter l'organisation de la campagne mondiale en leur faveur. Ils ne furent pas des innocents martyrisés par la démocratie américaine mais des martyrs volontaires de la cause communiste. Les autorités soviétiques et américaines le savaient. Mais à cause d'une opération secrète qu'il fallait protéger, personne ne parla.

Cette quête du code absolu, celui qu'aucun cryptanalyste ne pourra décrypter, s'était intensifiée bien avant la guerre froide, pendant la Seconde Guerre mondiale. Les Allemands et les Japonais avaient cru le trouver mais les Alliés réussirent à les confondre en perçant le secret de leurs machines à coder. Seuls, au fond, les Américains réussirent dans cette entreprise. Dans la guerre du Pacifique, leur code ne fut jamais cassé. Il faut dire qu'ils avaient eu recours à une ruse totalement inattendue : leurs messages étaient transmis par des Navajos, ce peuple du Colorado que le colonel Kit Carson avait asservi aux temps de la conquête de l'Ouest.

Pour leurs communications secrètes, les Soviétiques utilisaient le principe du *onetime-pad*, c'est-à-dire du code jetable, qu'on n'utilise qu'une fois. Une erreur dans l'utilisation du code a ouvert une brèche aux cryptanalystes américains. Mais si l'on ne commet pas d'erreur, le *onetime-pad* est incassable. C'est la raison pour laquelle on l'utilisa avec succès pour faire fonctionner le « téléphone rouge », ce téléscripteur qui reliait directement le président des États-Unis et le secrétaire du Parti communiste de l'Union soviétique. Chaque mois, un émissaire d'un des deux gouvernements apportait à l'autre un document qui contenait le code du mois, utilisable une seule fois. Ainsi les communications entre les deux grand restèrent entièrement secrètes. Le code que nous utilisons dans cette nouvelle énigme repose sur le même principe, celui d'une clé qu'on renouvelle en permanence. Supposons que deux personnes qui souhaitent communiquer sans risque possèdent le même livre, par exemple, *Le Rouge et le Noir* de Stendhal, dans la même édition. Elles doivent d'abord aligner sous le texte du message celui du roman, en commençant par le début, lettre à lettre. Elles affectent ensuite à chaque lettre son numéro d'ordre dans l'alphabet : 1 pour « a », 2 pour « b », etc. Elles remplacent enfin chaque lettre en clair par la lettre qui se trouve à l'endroit indiqué par la lettre du code. C'est-à-dire un rang plus loin si la lettre du code est un « a », deux rangs plus loin si c'est un « b » et 26 lettres plus loin si c'est un « z ». Ainsi un l sous lequel se trouve un « b » devient un « n » (deux rangs plus loin), un « p » sous lequel se trouve un « z » devient un « o » (26 rangs plus loin), et ainsi de suite. Il a été codé, non avec *Le Rouge et le Noir* mais avec le chapitre que tu viens de lire, cher lecteur. Il te suffit donc de remplir successivement les trois lignes de cases blanches. D'abord avec le début du chapitre, ensuite avec les chiffres correspondants, enfin avec le message en clair. Voici donc le message.

Énigme VII

A	B	C	D	E	F	G	H	I	J	K	L	M	N	O	P	Q	R	S	T	U	V	W	X	Y	Z
1	2	3	4	5	6	7	8	9	10	11	12	13	14	15	16	17	18	19	20	21	22	23	24	25	26

HPOLW RV ZSWPCUW TSWWOOX :

V ZHVNT HWPJNP

CHAPITRE HUITIÈME

DINÉ BIZAAD BAAHÉYOOSNÁ *

*LA LANGUE OUBLIÉE DES NAVAJOS

LA LANGUE OUBLIÉE DES NAVAJOS

Indien navajo vers 1905 ; portrait de Carl Moon.

LA LANGUE OUBLIÉE DES NAVAJOS

Dans le fracas de la guerre du Pacifique, des mots millénaires parcourent les ondes pour tromper l'ennemi japonais.

Ils avaient couru dans l'eau bleue. Leur lourd poste de radio leur sciait l'épaule, haletants et hagards, étonnés du silence qui régnait sur cette plage d'Iwo Jima, blanche sous le soleil du Pacifique en ce jour éclatant de février 1945. Puis, quand le feu japonais s'était déclenché, ils avaient roulé sur le sol, s'étaient relevés et, courbés en deux, ils avaient commencé à gravir les premières pentes du mont Suribachi sous les balles qui sifflaient.

C'est au sommet de cette montagne que Joe Rosenthal réalisera l'une des photos les plus célèbres au monde : un groupe de marines plantant le drapeau américain sur la position conquise. En attendant, l'attaque devenait sanglante : des cris et de la fumée,

LA LANGUE OUBLIÉE DES NAVAJOS

Chaque soldat américain était accompagné d'un Indien navajo qui lui servait d'interprète.

des blessures hideuses et des corps transpercés. Alors, houspillés par leur officier, ils s'étaient installés au milieu de l'enfer. Déployant leurs antennes sous le feu, ils avaient mis en marche leurs postes de radio et commencé à transmettre dans leur langue chantante les ordres destinés à coordonner l'attaque sur les redoutes japonaises. Dans les premières quarante-huit heures, pendant que les marines piétinaient sur les pentes du mont Suribachi, les six opérateurs au langage mystérieux transmirent quelque huit cents messages, sans jamais commettre une seule erreur. Après la guerre, le major Connor dira : « Sans les Navajos, jamais les marines n'auraient pris Iwo Jima. » Ils sont les héros ignorés de l'Amérique. Leur existence même a été cachée au public jusque dans les années 1970 tant on voulait garder le secret. Ils sont les *Navajo Code Talkers*, les « parleurs du code navajo ».

Dans les premières batailles du Pacifique, à Guadalcanal notamment, la question des communications radio était devenue cruciale. L'armée japonaise avait formé des centaines d'officiers de transmission parlant parfaitement l'anglais. Pendant les attaques, ils écoutaient les messages américains et prévenaient l'état-major nippon des mouvements des troupes d'assaut. Pis, ils émettaient de faux messages qui égaraient les assaillants ou déroutaient les artilleurs et les pilotes de bombardiers. Il avait fallu coder les transmissions. Mais ce qu'on gagnait en discrétion, on le perdait en rapidité. Plusieurs généraux se plaignirent qu'on avait mis parfois deux heures à coder et à décoder certains messages, ce qui rendait les mouvements des troupes lents et discontinus. C'est alors qu'un officier original trouva la solution.

Philip Johnston connaissait parfaitement la civilisation navajo qu'il avait longuement étudiée dans les années 1930. Il était même l'un des rares Blancs à parler couramment le navajo. C'était une langue strictement orale, ce qui rendait son étude impossible hors du territoire américain ; sa structure était d'une extrême complexité et sa prononciation énigmatique. Pourquoi ne pas employer les Navajo pour transmettre les messages des marines ? Surpris dans un premier temps, doutant des qualités militaires des « Indiens » (selon le nom qu'on leur donne de manière impropre depuis Christophe Colomb), l'état-major finit par accepter la proposition de Johnston. La nation américaine en guerre fit alors appel à la nation navajo.

Les Navajos n'avaient pourtant pas grand-chose à attendre de la nation américaine, c'est le moins qu'on puisse dire. Ils formaient l'un des peuples les plus anciens du continent. À Shelly Canyon, au cœur du pays magique des vallées vertigineuses et des montagnes rouges, près de Monument Valley, là où John Ford a tourné ses grands westerns, on trouve des traces de présence humaine remontant à plus de quatre mille ans. Peuple d'agriculteurs et de sorciers, les Navajos ont créé une des civilisations « indiennes » les plus riches, aux confins du Colorado, de l'Arizona et du Nouveau-

LA LANGUE OUBLIÉE DES NAVAJOS

Couverture navajo représentant la création de l'homme : deux hommes entourent un plant de maïs, encadrés par un arc.

Représentation d'Indiens d'Amérique navajo ; peinture datant de 1860.

LA LANGUE OUBLIÉE DES NAVAJOS

Une réserve d'Indiens navajo en Arizona.

Indiens des plaines, navajo, devant leur hutte hogan (rondins de bois avec un dôme) ; carte postale de 1900.

Mexique. Quand ils virent arriver les premiers pionniers, ils comprirent très vite que ces Blancs brutaux à la religion simpliste étaient en fait venus prendre leur terre. La révolte fut héroïque. C'est seulement quand les troupes du colonel Kit Carson mirent la main sur leurs réserves de nourriture qu'ils se rendirent, vaincus par la famine. Charitable, la civilisation chrétienne leur concéda quelques réserves où ils purent conserver des bribes de leur mode de vie traditionnel.

En dépit de cette spoliation et de ces crimes, les Navajos se joignirent sans hésiter à l'effort de guerre des États-Unis. Ils savaient qu'au-delà des mers leurs anciens vainqueurs combattaient un ennemi encore plus redoutable. On constitua un premier groupe de vingt-neuf Code Talkers (« the first twenty-nine ») qui seraient les pionniers de la technique à découvrir. Pour sécuriser les communications, en effet, il ne suffisait pas de parler navajo sur les ondes et de traduire ensuite en anglais. Les Japonais pouvaient avoir capturé quelque part un combattant ou un civil parlant la langue. Il fallait donc coder les messages. On inventa un système simple. Les messages seraient transmis lettre à lettre, le « a » étant représenté par un mot commençant par « a », le « b » par un mot en « b » : « apple » pour « a », « baby » pour « b », etc. Mais avant d'être émis sur les ondes, les mots seraient traduits en navajo. Et pour plus de sécurité, on affecterait à chaque lettre plusieurs mots anglais, traduits en navajo, qu'on utiliserait alternativement. Ainsi, pour la lettre « a »,

Les soldats indiens d'Amérique rencontrent le gén

uglas MacArthur dans le sud-est du Pacifique.

le « parleur de code » pouvait dire « wol-la-chee », qui veut dire « ant » (la fourmi) en anglais, ou bien « be-la-sana », qui signifie « apple » (la pomme), ou encore « tse-nill », qui se traduit par « axe » (la hache). De nombreux termes militaires n'avaient pas d'équivalent en navajo. On recourut donc à des locutions imagées. Ainsi « sous-marin » fut traduit en navajo par « besh-lo », qui veut dire « poisson d'acier ».

Ces précautions furent précieuses. En 1942, pendant les combats aux Philippines, avant la formation de l'unité des Code Talkers, les Japonais avaient capturé Joe Kieyoomia, sergent d'origine navajo qui servait dans les unités d'infanterie. Quand les premiers Code Talkers entrèrent en action, l'état-major japonais retrouva Kieyoomia et lui ordonna de traduire les messages. Le prisonnier entendit dans les écouteurs une suite de mots qu'il comprenait un à un mais auxquels il ne pouvait donner aucune signification globale. Les Japonais le torturèrent à mort, sans qu'il puisse jamais leur fournir la clé du code, pour la bonne raison qu'il ne la connaissait pas. En conséquence, l'armée américaine décida de faire accompagner par un marine expérimenté chacun des opérateurs navajos. Dédié à sa protection, le soldat portait secrètement un ordre cruel : si, dans les hasards du combat, le Code Talker risquait de tomber vivant entre les mains de l'ennemi, son ange gardien devait l'abattre sur-le-champ.

Des marines installant des lignes téléphoniques à Iwo Jima.

Ainsi le code navajo resta inviolé. Quelque quatre cents Code Talkers furent incorporés dans les marines, toujours en première ligne. À Iwo Jima et Okinawa, les deux plus grandes opérations amphibies de la guerre du Pacifique, ils jouèrent un rôle décisif en permettant à l'infanterie navale de communiquer rapidement en toute sécurité. Puis, la paix revenue, contents d'eux, les Navajos rentrèrent au pays des canyons et se firent oublier. C'est dans les années 1970, quand on déclassifia les archives, que leur noble geste fut enfin connu. Un mouvement se dessina en leur faveur alors qu'on cherchait partout à réhabiliter les premières civilisations du continent américain.

Ronald Reagan fut le premier Président à manifester officiellement la gratitude de la nation américaine envers la nation navajo. Depuis, les Code Talkers ont rejoint le panthéon des combattants de la liberté, honorés par le pays qui les avait asservis. Citons George Bush, le 26 juillet 2001, quand il remit la médaille d'or du Congrès à John Brown, Chester Nez, Lloyd Oliver, Allen Dale June et Joe Palmer, les derniers survivants parmi les quatre cents guerriers qui ont apporté aux peuples du XXe siècle le soutien d'un peuple du fond des âges : « *L'Amérique se souvient des premiers Européens qui ont touché son sol et qui ont commencé la lente construction d'une nation. Mais avant les premiers arrivants, il y avait les premiers habitants. Jusque-là, l'histoire de l'Amérique a été la leur, exclusivement. La langue qui a mystifié les Japonais à Iwo Jima est celle qu'on entendait sur les berges du Colorado il y a plus de mille ans. En dépit de l'histoire, ces natifs américains se sont portés volontaires pour servir l'Amérique. Ils ont combattu avec la modestie, la force et le courage tranquille que leur tradition leur inspire depuis toujours. Gentlemen, votre action inspire le respect et l'admiration de tous les Américains.* »

Bien avant l'aventure des Code Talkers, un Allemand avait cru trouver l'arme absolue de la cryptologie que les Navajos ont apportée en cadeau à l'armée américaine. Il avait inventé non une langue incompréhensible, mais une machine à crypter dont la clé changeait automatiquement à chaque lettre. Très vite, l'état-major allemand s'intéressa à l'invention, éloquemment baptisée « Enigma » par son concepteur. Si bien que, pendant toute la Seconde Guerre mondiale, les transmissions secrètes de la Wehrmacht furent codées par Enigma. Et pour plusieurs historiens, ce fait souvent ignoré du public explique pourquoi, in fine, Hitler a perdu la guerre.

Voici une énigme de guerre froide qui fait suite au chapitre précédent. Le texte a été codé selon un code de substitution. Mais cette fois, infaillible lecteur, point d'indices supplémentaires. Souviens-toi seulement du « e » et des petits mots.

Énigme VIII

WVYLFG ! OVH WZNMVH WV OZ GVIIV

WVYLFG ! OVH ULIXZGH WV OZ UZRN

OZ IZRHLM GLMMV VM HLM XIZGVIV

X'VHG O'VIFKGRLM WV OZ URM

WF KZHHV UZRHLMH GZYOV IZHV

ULFOV VHXOZEV, WVYLFG ! WVYLFG !

OV NLMWV EZ XSZMTVI WV YZHV

MLFH MV HLNNVH IRVM HLBLMH GLFG!

X'VHG OZ OFGGV URMZOV

TILFKLMH MLFH VG WVNZRM

O'RMGVIMZGRLMZOV

HVIZ OV TVMIV SFNZRM

CHAPITRE NEUVIÈME

PDLM XRKF WEVT NBPN BLQP WQBO EUG*

*LA BOTTE SECRÈTE DE LA WEHRMACHT

LA BOTTE SECRÈTE DE LA WEHRMACHT

L'Afrikakorps est un détachement de la Reichswehr qui a opéré en Afrique du Nord. Il fut commandé par le général Erwin Rommel de janvier 1941 à mai 1943.

LA BOTTE SECRÈTE DE LA WEHRMACHT

Pendant la Seconde Guerre mondiale, l'Allemagne a misé sur une machine à crypter inviolable. Mais les anglais ont trouvé la faille.

Rommel n'y comprenait rien. Au printemps 1942, après la prise de Tobrouk, l'Afrikakorps fonçait vers la frontière de l'Égypte. Encore une bataille ou deux et les panzers rouleraient au pied des pyramides, pour remonter ensuite vers le nord à travers l'Irak et la Syrie jusqu'aux champs de pétrole du Caucase et donner la main aux armées à la croix gammée qui s'enfonçaient vers le cœur de l'URSS. Churchill et Staline battus, l'Europe et l'Afrique conquises, la guerre serait gagnée pour Hitler.

Et voilà que les Britanniques, flanqués d'Australiens, de Néo-Zélandais et d'une poignée de Français libres, se mettaient en travers de cette grandiose entreprise. Chaque fois que Rommel

Des soldats allemands travaillent avec l'appareil Enigma pour déchiffrer les messages cryptés, lors de la Seconde Guerre mondiale.

attaquait sur les lignes d'El-Alamein étirées dans le désert, il trouvait en face de lui des défenses regroupées, agressives, appuyées sur une artillerie meurtrière. Il avait beau feinter, virevolter, bifurquer avant chaque offensive, Montgomery et la VIIIe armée se trouvaient toujours au bon endroit, solides dans leurs tranchées, protégés par leurs barbelés, couverts par leurs canons. Jusqu'au jour où, à l'automne, forts d'une supériorité numérique soudain écrasante, les Britanniques lancèrent en avant leurs divisions et repoussèrent l'Afrikakorps en Libye, puis en Tunisie. Pour la première fois depuis 1939, l'Allemagne recula.

C'est que les renforts envoyés par Hitler n'arrivaient pas. Les bateaux allemands étaient, pour les trois quarts, coulés en Méditerranée par une Royal Navy omnisciente qui semblait renifler les convois allemands comme un chien de chasse une meute de sangliers. Après la guerre, Montgomery fut fait vicomte d'El-Alamein. Et pourtant cette gloire était en partie usurpée. Ce que Rommel ne savait pas, ce qu'on apprendrait trente années plus tard, c'est que le futur vicomte était comme un joueur de cartes qui connaît le jeu de l'adversaire. Il lui était facile d'organiser sa défense : grâce aux cryptanalystes britanniques regroupés à Bletchley Park, dans un vieux manoir inconfortable à soixante kilomètres au nord de Londres, Montgomery suivait heure par heure les préparatifs de Rommel à terre et prévoyait le trajet de ses convois sur mer. Londres transmettait à « Monty » un flot continu de messages secrets de l'Afrikakorps, pourtant codés grâce à une machine perfectionnée : Enigma. Les sorciers de Bletchley Park étaient parvenus à casser ce code. Le « Renard du désert » avait trouvé plus rusé que lui.

Au même moment, à l'autre bout de la terre, un amiral américain, Chester Nimitz, connaissait la même fortune. Après Pearl Harbor, les porte-avions de l'amiral Yamamoto étaient maîtres du Pacifique. L'armée japonaise avait déferlé sur l'Asie, plantant son drapeau rouge et blanc des frontières de l'Inde aux abords de l'Australie. Pour finir le travail et mettre à genoux l'Amérique, Yamamoto avait décidé d'attaquer une base située au milieu du Pacifique, Midway, qui mettrait la Californie à sa portée et obligerait ce qui restait de la flotte américaine à sortir de ses bases pour reprendre le minuscule archipel à l'immense importance stratégique.
Le jour dit, la flotte japonaise se présente par surprise aux abords de Midway en trois escadres échelonnées, ses porte-avions, au nord,

Le président américain Franklin Delano Roosevelt à Pearl Harbor en compagnie du général Douglas MacArthur, de l'amiral William Nimitz et de l'amiral William Daniel Leahy au moment de la première attaque japonaise aux Philippines en 1945.

dissimulés par le mauvais temps. Le bombardement sur Midway commence et la force de débarquement s'apprête à attaquer, quand soudain des nuées de bombardiers américains se lancent à l'assaut des porte-avions. L'amiral Nagumo réplique avec ses chasseurs et envoie en reconnaissance ses avions à longue portée. Il découvre l'impensable : la flotte américaine, qu'il croyait réfugiée dans ses ports, est là, au complet, à quelques heures de Midway, attendant sa proie comme le fauve au bord de la rivière. Il est trop tard pour Nagumo. La troisième vague de bombardiers américains tombe sur ses porte-avions mal défendus. Ils sont coulés tous les quatre en quelques minutes alors que les Américains n'en perdent qu'un seul. Gagnée par l'amiral Nimitz, la bataille de Midway bloque l'avance des Japonais vers l'est et rétablit l'équilibre des forces navales. C'est le tournant de la guerre du Pacifique. Avant Midway et El-Alamein, dira Churchill, « nous n'avions connu que des défaites ; après, nous n'avons connu que des victoires ».

Nimitz, en fait, est dans le même cas que Montgomery. Lui aussi lisait dans le jeu de l'ennemi. Ses cryptanalystes, enfermés dans un sous-sol de la base de Pearl Harbor, avaient cassé le code japonais. Ils avaient anticipé l'attaque sur Midway et permis à Nimitz de faire sortir secrètement sa flotte pour piéger Yamamoto. Quelques mois plus tard, les mêmes cryptanalystes vont donner à l'état-major américain l'itinéraire d'un voyage de l'amiral japonais. Les chasseurs sont au rendez-vous, l'avion de Yamamoto est abattu. En raison d'un code mal protégé, le Japon a perdu coup sur coup une bataille décisive et son meilleur stratège.

Les cas de ce genre sont légion dans le conflit et l'on pourrait écrire une histoire renouvelée de la Seconde Guerre mondiale à la lumière des exploits de la cryptanalyse alliée. Pendant la bataille d'Angleterre, grâce aux écoutes Enigma, Churchill sait dès le mois d'août 1940 qu'Hitler, tout en déchaînant le Blitz contre les villes anglaises, a renoncé à envahir la Grande-Bretagne. Le Premier ministre peut ainsi envoyer plusieurs divisions en Afrique du Nord, où elles vont mener la vie dure aux Italiens. Quand Hitler attaque l'URSS, les Britanniques communiquent aux Russes des renseignements précieux sur les plans allemands. Mais comme ils sélectionnent les informations pour ne pas éveiller les soupçons du contre-espionnage nazi et qu'ils taisent leur source, Staline ne croit pas à ces données pourtant essentielles. Grâce au décryptage d'Enigma, les Britanniques peuvent aussi limiter leurs pertes dans l'Atlantique, permettant à une bonne part de leurs convois d'échapper aux U-Boote de l'amiral Dönitz et protégeant la voie de communication avec l'Amérique. Juste avant le débarquement, ils peuvent surveiller pas à pas le développement du vaste plan d'intoxication nommé « Fortitude », destiné à égarer Hitler sur le lieu et la date de l'opération « Overlord ». Bref, Enigma, machine à crypter inviolable, a endormi les Allemands dans une sécurité trompeuse. Anonymes, retournés sans un bruit à la vie civile après la

Le général allemand Heinz Guderian dans un char équipé d'appareils de communication, en 1941. Au premier plan, l'appareil de cryptage et de décryptage Enigma.

guerre, oubliés du public et des gouvernements, les cruciverbistes, les linguistes et les mathématiciens réunis à Bletchley Park figurent parmi les premiers artisans de la victoire.

L'histoire d'Enigma a en fait commencé en Pologne plusieurs années avant la guerre. Un Allemand nommé Hans-Thilo Schmidt a trahi son pays et communiqué aux services secrets polonais les plans d'une machine révolutionnaire qui permettait de crypter les correspondances par radio avec une sécurité totale. Enigma avait l'apparence d'une grosse machine à écrire, sur laquelle on tapait une lettre qui était transformée par un complexe système de rotors et de branchements en une autre lettre, jamais la même au fil du texte. Version sophistiquée du carré de Vigenère, qui permet de changer de système de codage autant de fois qu'on le souhaite en cours de transcription, Enigma rendait impossible toute analyse de fréquence, d'autant qu'on pouvait aussi modifier chaque jour les réglages de la machine, ce qui rendait la tâche des cryptanalystes impossible, faute de temps. Hitler dormait donc sur ses deux oreilles. Dans la guerre qui s'annonçait, la Wehrmacht avait résolu au moins l'un des problèmes les plus délicats qui se posent à toute armée en campagne : la sécurité des communications.

C'était sans compter sur l'astuce et le talent d'un jeune mathématicien, Marian Rejewski, qui travaillait au service de cryptanalyse de

LA BOTTE SECRÈTE DE LA WEHRMACHT

Enigma : machine d'espionnage pendant la Seconde Guerre mondiale, développée par le Pr Arthur Scherbius en 1923.

l'armée polonaise. Grâce à la trahison de Schmidt, il avait construit une copie d'Enigma et commencé à étudier ses faiblesses éventuelles. Au bout d'un an, il avait trouvé une solution : certaines régularités apparaissaient dans le fonctionnement qui permettaient, dans certaines conditions, d'accéder à la clé utilisée par l'armée allemande. Une fois la clé décryptée, on pouvait régler la machine comme le faisaient les Allemands et lire directement leurs messages. La Pologne envahie, le secret fut transmis au 2e Bureau français. La France envahie, le 2e Bureau fit partir une copie d'Enigma en Grande-Bretagne avec son mode d'emploi.

Aussitôt, Churchill ordonna à Stewart Menzies, dit « M » (le « M », qui deviendra célèbre dans les films de James Bond inspirés des romans de Ian Fleming, autre ancien de la guerre secrète contre le nazisme), le chef des services secrets britanniques, de réunir quelque part en Angleterre une équipe de cryptanalystes qui travaillerait jour et nuit sur les messages Enigma. Par petites annonces, le gouvernement recruta des centaines et bientôt des milliers de spécialistes des mots croisés, de traducteurs, de linguistes, de mathématiciens qui s'établirent à Bletchley Park, dans des baraquements bâtis autour du manoir d'origine. Entre-temps, les Allemands avaient perfectionné la machine et ajouté un rotor aux trois autres, ce qui rendait de nouveau leur correspondance inviolable. La copie de la machine et les anciens manuels ne suffisaient plus. Il fallait se livrer à des calculs énormes et fastidieux pour commencer à décrypter un mot puis un autre. La précieuse source de renseignements allait se tarir quand un universitaire plus brillant que les autres, Alan Turing, trouva la solution. Il fallait pour décrypter Enigma inventer une machine qui effectuerait à la vitesse de l'éclair toutes sortes d'opérations qu'on programmerait d'avance. Jeune homme fantasque au destin tragique, homosexuel au talent mathématique confinant au génie, Turing fut l'un des héros de la guerre et l'un des pères fondateurs de l'informatique. Son histoire est l'une des plus poignantes.

CHAPITRE DIXIÈME

P ZRVJQCDG SBZLCA U ID CJUXATTKBXHJZ VI SHLXY *

* L'INFERNAL DESTIN D'UN MATHÉMATICIEN DE GÉNIE

Alan Mathison Turing (1912-1954) était un mathématicien britannique ; il est considéré comme un des pères fondateurs de l'informatique moderne.

L'INFERNAL DESTIN D'UN MATHÉMATICIEN DE GÉNIE

À l'époque de son suicide, en 1954, les nuits d'Alan Turing étaient hantées par deux obsessions : le dessin animé Blanche-Neige et la machine allemande à code Enigma.

Il aimait *Blanche-Neige*, les mathématiques et les garçons. Il pouvait courir jour et nuit dans la campagne, téléphoner chaque jour à sa mère des heures durant et résoudre les problèmes de mathématiques théoriques les plus pointus. Il pouvait surtout décrypter le langage de la machine Enigma sur laquelle l'armée allemande se reposait pour ses communications. Dans le panthéon de la Seconde Guerre mondiale, il mérite une place à côté de Churchill, de Roosevelt, de Patton ou d'Eisenhower. Pourtant, Alan Turing est mort ignoré, martyrisé par le pays qu'il avait au premier rang contribué à sauver de la barbarie nazie.

L'INFERNAL DESTIN D'UN MATHÉMATICIEN DE GÉNIE

Alan Turing était un adepte des marathons. Ici, finissant deuxième lors d'une course à pied à Dorking, Angleterre.

Turing échoue plusieurs fois à ses examens ; il n'est admis que dans l'établissement qu'il avait mentionné par défaut, King's College, de l'université de Cambridge. Aujourd'hui, la salle d'informatique de l'établissement porte son nom.

Très tôt, ses professeurs ont détecté ses aptitudes hors du commun. Sortant de l'enfance, il en sait autant qu'eux sur les sciences et les mathématiques et, à 16 ans, il comprend plus rapidement que quiconque les thèses d'Einstein sur la relativité. Il devient l'ami d'un autre surdoué des sciences, Christopher Marcom, qui l'initie aux mathématiques théoriques et sans doute à l'amour homosexuel. La mort de l'adolescent en février 1930 brise une passion profonde qui marquera Turing à vie. Sa carrière universitaire est ralentie par les étrangetés de son caractère. Coureur de marathon, Turing préfère souvent la marche au chemin de fer. Il peut ainsi décider de venir à pied à une réunion convoquée à quatre-vingts kilomètres de son domicile, arrivant suant et défait, les vêtements déchirés et les souliers crottés. Il ne manque jamais les programmes pour enfants à la radio et passe des heures à en commenter les rebondissements au téléphone avec sa mère. Obsessionnel, il voit quarante fois de suite le dessin animé de Walt Disney *Blanche-Neige et les sept nains* et raconte à tout un chacun la scène où la sorcière recouvre une pomme de poison pour l'offrir à la princesse.

Il est pourtant nommé dans les années 1930 au King's College de Cambridge où il déploie son génie précoce. Il fréquente Keynes, Pigou et les meilleurs mathématiciens de Grande-Bretagne, et commence à développer ses propres théories sur les nombres indécidables et les algorithmes. En 1936, il reçoit le prix Smith pour ses travaux sur les probabilités. Dans un article resté classique, « On

Computable Numbers », il avance l'idée d'une machine intelligente et programmable, capable d'effectuer à une vitesse record toutes sortes de calculs et d'opérations. Le projet est purement théorique, mais la montée du nazisme et le déclenchement de la guerre conduisent rapidement Turing, démocrate pacifiste horrifié par l'hitlérisme, à des applications concrètes.

En 1940, il se retrouve pensionnaire dans un étrange camp de travail : Bletchley Park. C'est Churchill qui a ordonné la mise sur pied de cet étrange département du MI5, le service secret dirigé par Stewart Menzies. Aidés par les Polonais et les Français, les Britanniques se sont procuré la machine qui sert à crypter les communications radioélectriques allemandes les plus secrètes . Mais il ne suffit pas de posséder une Enigma pour la comprendre. Il faut aussi connaître l'ordonnancement des trois rouleaux de métal dentelé (bientôt quatre) qui servent à régler son fonctionnement. La Royal Navy monte des opérations de commando pour se procurer les livres de codes allemands. Mais ces attaques de navires ou de sous-marins sont aléatoires et limitées : il faut éviter à tout prix que les Allemands soupçonnent que les secrets d'Enigma ont été éventés, sinon ils changeront de système de codage et l'équipe de Bletchley Park verra tous ses efforts anéantis.

Le plus souvent, donc, il faut reconstituer les messages d'Enigma à partir de bribes de texte devinées par simple déduction (on sait à

Deux vues du manoir Bletchley Park, camp de travail des cryptanalystes en mission pour Churchill.

Colossus, le premier ordinateur électronique digital développé pour déchiffrer les signaux allemands à Bletchley Park,1943.

Bletchley Park que les messages de la Kriegsmarine commencent souvent par un bulletin météo répété deux fois). Mais pour effectuer ces calculs, il faudrait des équipes énormes condamnées à essayer jour et nuit toutes les combinaisons possibles. Et à ce rythme, les messages ne seraient en général décryptés que bien après la fin de la guerre. C'est là que Turing entre en scène. Sur ses instructions, les techniciens de Bletchley Park construisent de grosses machines bruyantes (bientôt appelées des « bombes ») qui prennent le relais des humains pour parcourir le champ immense des combinaisons mathématiques possibles dans un message Enigma. C'est ainsi que, dès 1940, tous les matins à l'aube, un câble secret transmet de Bletchley Park, au 10, Downing Street, une moisson de messages décryptés qui sont la première lecture quotidienne de Winston Churchill. Lisant à livre ouvert dans les projets de Hitler, le Premier ministre va user de cet atout décisif pour limiter les pertes de convois dans l'Atlantique, pour aider Montgomery à gagner dans le Western Desert ou pour monter une superbe opération d'intoxication qui trompe les Allemands sur le lieu du débarquement. Après Pearl Harbor, la technologie sera transférée outre-Atlantique. Turing fait plusieurs voyages d'information, initiant les cryptanalystes américains à ses découvertes. La bataille de Midway est gagnée presque uniquement par les cryptanalystes réunis dans une salle souterraine et enfumée d'Hawaii. La plupart des opérations dans le Pacifique sont éclairées par les cryptanalystes anglo-saxons jusqu'à la victoire finale.

La machine de Lorenz était utilisée pour chiffrer les communications militaires allemandes de haute importance pendant la Seconde Guerre mondiale.

Réplique en carton de la « Bombe », fabriquée pour le film *Enigma* (2001) et aujourd'hui exposée à Bletchley Park.

L'INFERNAL DESTIN D'UN MATHÉMATICIEN DE GÉNIE

Pour déchiffrer un code Enigma, il fallait trouver la première clé. Presque tout le temps, la « Bombe », nom donné à la machine qui recherchait les clés d'Enigma, devait la détecter. Quand une clé plausible était trouvée, la « Bombe » s'arrêtait et le personnel notait cette clé pour l'essayer à la main.

Détail des cylindres de la machine de Lorenz.

Après la guerre, Turing poursuit sa carrière de chercheur. Il intègre le National Physical Laboratory où il construit, parallèlement aux efforts américains, le premier ordinateur de l'histoire. Mais son homosexualité le fait écarter des grands projets gouvernementaux. Il revient à l'étude théorique et devient chargé de cours à l'université de Manchester pour être enfin reconnu en 1951, année de son admission à la Royal Society. Mais en 1952, il est victime d'un cambriolage pour lequel il porte plainte. La police constate qu'il vit avec un jeune homme : il est aussitôt traîné en justice pour « sodomie », pratique à l'époque punie d'une peine de prison. Il plaide coupable mais, plutôt que d'aller en prison, il accepte de suivre un traitement chimique à base d'œstrogènes. Il tombe en dépression, devient difforme et se laisse aller à ses obsessions. *Blanche-Neige* et Enigma hantent ses nuits. Jusqu'au jour de 1954 où il achète une solution au cyanure et l'étale sur une pomme qu'il croque à belles dents. Aucun officiel britannique n'ira à son enterrement et il faudra attendre les années 1970 pour que sa contribution à l'effort de guerre soit enfin connue.

Alan Turing a désormais un site Internet consacré à sa mémoire, une poignée de biographes et des milliers de fans. Quand, dans les années héroïques de l'informatique en Californie, quelques gamins animés par le même esprit créent une petite société de construction

L'INFERNAL DESTIN D'UN MATHÉMATICIEN DE GÉNIE

Turing a élaboré le prototype de l'Automatic Computing Engine (ACE) en 1945. Le design a été approuvé par le National Physical Laboratory en 1946. L'ACE a été le troisième programme-ordinateur à fonctionner en Grande-Bretagne.

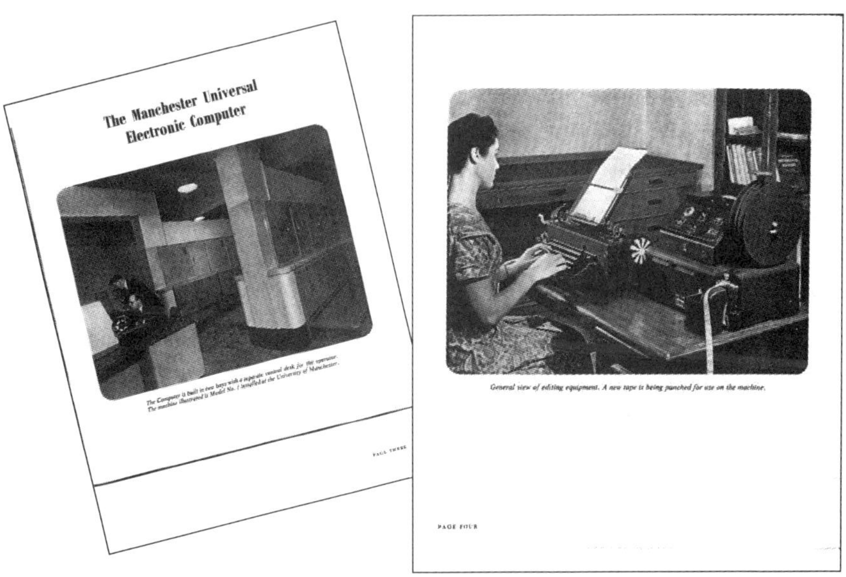

The Manchester Universal Electronic Computer

The Computer is built in two bays with a separate control desk for the operator. The machine illustrated is Model No. 1 installed at the University of Manchester.

PAGE THREE

General view of editing equipment. A new tape is being punched for use on the machine.

PAGE FOUR

Documents issus des Archives de Turing pour l'histoire de l'informatique (grande collection numérique de fac-similés de documents historiques).

d'ordinateurs dans un garage, ils la baptisent « Apple » et lui donnent comme emblème une pomme de teinte arc-en-ciel – les couleurs du mouvement homosexuel – dans laquelle un mystérieux inconnu a croqué une seule bouchée. Depuis, sous l'œil de millions d'utilisateurs d'ordinateurs Macintosh, la mémoire d'Alan Turing survit donc. Ultime hommage de la démocratie et de l'informatique à l'un de leurs paladins les plus valeureux.

Statue du mémorial Alan-Turing à Whitworth Gardens, Manchester, Angleterre.

Pour cette énigme nous avons quelque peu raffiné l'exercice. On l'aura compris, il s'agit d'un code de transposition. Il faut donc, en premier lieu, remettre les lignes et les colonnes à l'endroit. Mais ensuite, il faut appliquer un code de substitution. Redoutable lecteur, je suis sûr que tu viendras à bout de cette épreuve particulièrement ardue.

Énigme IX

ZWXIR DNTXIIXXGI
MWSZX XGUXW

NGXWS XUGS§ GKKX§
MRSQ§ RNUR§

SOLUTIONS DES ÉNIGMES

Solution I

Ta première mission était de déchiffrer un message crypté selon le « code de César », qui consiste à utiliser un alphabet décalé de trois lettres :

A	B	C	D	E	F	G	H	I	J	K	L	M
d	e	f	g	h	i	j	k	l	m	n	o	p

N	O	P	Q	R	S	T	U	V	W	X	Y	Z
q	r	s	t	u	v	w	x	y	z	a	b	c

Le texte en clair est donc celui-ci :

DYH FHVDU FHXA
AVE CESAR CEUX

TXL YRQW
QUI VONT

FRPSUHQGUH WH
COMPRENDRE TE

VDOXHQW
SALUENT

Solution II

Pour faciliter les choses, nous avions transcrit le message du gangster américain, rédigé sous cette forme étrange des « hommes qui dansent », en lettres normales. Sherlock Holmes a donc décrypté le message suivant :
ZO LYMY ZWY XPZQYE
ZN YPMASBYX
DIOYYPXAY
QYUYM
YPXAY KMYKZMY
NI OYYN EIJMBIS
On se rappelle les informations dont Holmes dispose : l'héroïne s'appelle Elsie, elle connaissait un escroc de Chicago appelé Abe Slaney et il y a dans les environs du manoir une auberge à l'enseigne de « Elridge's » Le message est écrit en anglais, mais, comme en français, c'est la lettre « e » qui revient le plus fréquemment. La première opération consiste bien sûr à placer des « e » sous la lettre la plus fréquente dans le texte, à savoir le Y. On peut ensuite penser que le prénom de l'héroïne, Elsie, figure dans le message. Dans ce cas, il ne peut s'agir que du deuxième mot de la troisième ligne et du premier de la cinquième, qui sont les seuls à commencer et à finir par un « e » Nous gagnons ainsi trois nouvelles lettres : le « l » est un P, le « s » un X et le « i » un A. Reprenons le texte dans l'ordre : à la première ligne, une évidence saute aux yeux. Les deux derniers mots de la ligne sont forcément le nom du gangster, Abe Slaney.

SOLUTION II (SUITE)

Nous gagnons encore trois lettres. À la ligne suivante figure de toute évidence le nom de l'auberge : « Elridge's » Autant de lettres gagnées. À partir de là, on peut remplir les blancs. La quatrième ligne est la réponse de la jeune femme : « never», dont il ne manque que le « v » Dernière difficulté : l'avant dernier mot. Il se décrypte comme suit : « yo_r » La lettre doit aussi se deviner : il s'agit du « u » qui complète le mot « your » On comprend alors l'agitation de Holmes. La dernière phrase est une menace de mort directe et explicite : « Prépare toi à rencontrer ton dieu. » Le détective fonce donc au manoir. Il arrive trop tard pour empêcher le crime. Mais il va piéger l'assassin en lui envoyant ce simple mot, rédigé en « hommes qui dansent », qui se traduisent par : DIOYZN MQDY, soit, en clair, « come at once », « venez immédiatement » Pour Slaney, seule la jeune femme peut avoir rédigé le message : il vient, il est pris.

ZO LYMY ZWY XPZQYE
am here abe slaney

ZN YPMASBYX
at elridges

DIOY YPXAY
come elsie

QYUYM
never

YPXAY KMYKZMY
elsie prepare

NI OYYN EIJM BIS
to meet your god

Solution III

L'énigme du chapitre III reprenait une lettre envoyée à Marie Stuart, la reine d'Ecosse, par le chevalier Babington qui voulait la délivrer. Le texte de Babington cède assez facilement à l'attaque cryptanalytique. Bien sûr, tu as pu, lecteur avisé, reprendre le titre du chapitre, traduit en clair, qui te donnait un nombre respectable de caractères. Mais tu as pu aussi jouer le jeu complètement. Dans ce cas, tu as remarqué qu'un signe l'emporte de loin en nombre sur tous les autres : il représente le « e », bien sûr, la lettre la plus fréquente en français (puisque la lettre a été traduite). Une fois les « e » disposés, le premier mot attire ton attention. On t'a rappelé que Babington s'adressait à une reine. Il y a donc de fortes chances pour que ce premier mot soit une expression du respect dû à la monarque. Placé en exergue, il se présente comme ceci : « _ _ _e_ _e, » Tu as alors deviné qu'il s'agissait du mot « majesté » À partir de là, tu disposes de cinq lettres supplémentaires : le « m », le « a », le « j », le « s » et le « t » Les deux mots suivants s'éclairent : « m_ _même, assisté_ _e », ce qui se lit bien sûr « moi-même, assisté de » Tu as gagné le « o », le « i » et le « d » Le reste suit sans problème. Tu pouvais aussi commencer par le mot de la fin, qui est logiquement la signature : Babington. Tu es donc arrivé, comme Phelippes le cryptanalyste et Walsingham le perfide ministre, au texte suivant, qui a entraîné la réponse compromettante de Marie et son fatal destin : *« Majesté, moi même, assisté de dix gentilshommes et d'une centaine de nos compagnons entreprendrons de délivrer votre personne royale des mains de ses ennemis. Pour l'élimination de l'usurpatrice, il y a six nobles jeunes gens qui se chargeront de l'exécution. Babington »*

Solution IV

Tu l'auras deviné, astucieux lecteur, notre homme n'est autre que Napoléon.

Pour lire le cartouche, on sait qu'il ſaut d'abord voir dans quel sens sont tournés les animaux ou les humains représentés par le scribe. L'aigle et le lion sont tournés vers la gauche : il ſaut lire l'inscription de gauche à droite, comme le ſrançais. Quand deux signes sont superposés, il ſaut d'abord lire celui du haut. À partir de là, tout est ſacile : les hiéroglyphes utilisés pour la transcription du mot étaient tous dans les cartouches décrits dans le texte : Ptolémée, Cléopâtre et Alexandre. Voilà donc Champollion égalé par toi, érudit lecteur...

Solution V

Le message, on l'a dit, était codé selon le principe de Vigenère. Le code est incassable, sauf par un travail énorme. Mais si on dispose du mot-clé, tout devient plus simple. Quel est le mot-clé ? DUMAS, bien sûr, dont le père était bien général et dont une des héroïnes principales, dans le *Comte de Monte Cristo*, s'appelle effectivement Mercedes, la fiancée tragique d'Edmond Dantès. Une fois muni de ce sésame, on le dispose sous le message codé, comme ici :

XH BOMU NAUK WIGS HROD UF
DU MASD UMAS DUMA SDUM AS

Solution V (suite)

On prend ensuite le carré de Vigenère et on cherche la première lettre du message – X – dans la colonne « d ». Une fois le X trouvé, on va au bout de la ligne à gauche et on lit « u ». C'est la première lettre en clair. On recommence l'opération avec la lettre suivante (on regarde donc la colonne « u », selon le mot-clé) et on trouve « n ». On poursuit selon la même méthode et on arrive au message en clair, lui aussi très « dumasien », même s'il est établi que la devise des mousquetaires, si souvent citée, est apocryphe : Un pour tous et tous pour un !

Solution VI

L'énigme proposée était fondée sur un code de transposition tel que l'enseigne le professeur Lidenbrock à son neveu Axel. On sait que le code consiste à écrire verticalement le texte du message en remontant en haut de la colonne suivante au bout d'un nombre fixe de lettres (cinq dans le cas décrit par Jules Verne). On aboutit à des figures rectangulaires dont les blancs sont complétés par des lettres arbitraires. On met ensuite bout à bout les lignes horizontales des rectangles et on aboutit à un texte incompréhensible. Voici le message qui était proposé à ta sagacité, impavide lecteur :

C M E O T L I A N N M I N I B V I E
Q N A I L U S E L N L E E S L G E S

S S E R L X O M L R U X U E A E N X
S R T A E X L S E L X X E D R A X X

Pour le décoder, il suffit d'effectuer l'opération en sens inverse : remettre les mots qui se suivent sur la ligne l'un sous l'autre. On peut ensuite lire le message verticalement, colonne par colonne. Un seul problème : les mots sont collés les uns aux autres.

Solution VI (suite)

Or si on prend des mots de cinq caractères en coupant le texte de cinq lettres en cinq lettres, on trouve des choses absurdes :

C	M	E	O	T
L	I	A	N	N
M	I	N	I	B
V	I	E	Q	N
A	I	L	U	S
E	L	N	L	E
S	L	G	E	S

Le texte est illisible dans quelque sens qu'on le prenne. Il est possible, dans ce cas, qu'il ait été codé sur un nombre de lettres différent. Si nous essayons des mots de quatre lettres : même échec. Mais si nous tentons un rectangle de six lettres, tout s'éclaire :

C	M	E	O	T	L
I	A	N	N	M	I
N	I	B	V	I	E
Q	N	A	I	L	U
S	E	L	N	L	E
E	S	L	G	E	S

S	S	E	R	L	X
O	M	L	R	U	X
U	E	A	E	N	X
S	R	T	A	E	X
L	S	E	L	X	X
E	D	R	A	X	X

Autrement dit : *Cinq Semaines en ballon, Vingt Mille Lieues sous les mers, De la Terre à la Lune.*

Solution VII

On l'a dit dans l'énoncé, le message a été codé avec le texte du chapitre. On dispose donc sous le message le début du chapitre, comme ci-contre. Puis on affecte à chaque lettre de la clé son rang dans l'alphabet. Il suffit ensuite de remonter à chaque fois en arrière dans l'alphabet (puisque le texte a été chiffré dans l'autre sens) du nombre indiqué (pour 1, un rang en arrière, pour 2, deux rangs, etc.) et l'on retombe sur le texte en clair, qui donne le secret de la bombe atomique, ou à peu près...

Solution VII (suite)

A	B	C	D	E	F	G	H	I	J	K	L	M	N	O	P	Q	R	S	T	U	V	W	X	Y	Z
1	2	3	4	5	6	7	8	9	10	11	12	13	14	15	16	17	18	19	20	21	22	23	24	25	26

H P O L W R V Z S W P C U W T S W W O O X :
L a f i n f u t d e c h i r a n t e J u s :
12 1 6 9 14 6 21 20 4 5 3 8 9 18 1 14 20 5 10 21 19 :
V O I C I L A F O R M U L E S E C R E T E :

V Z H V N T H W P J N P
q u a u b o u t l e s R
17 21 1 21 2 15 21 20 12 5 19 18
E E G A L E M C D E U X

Solution VIII

Comme nous l'avons dit dans l'énoncé, il s'agit d'un code classique par substitution. Autrement dit, nous pouvons utiliser la méthode des fréquences, base de tout décryptage de ce genre. Nous comptons donc les occurrences des différentes lettres du texte codé, ce qui donne à peu près ceci : V=35 ; L=20 ; M=20 ; Z=20 ; H=19 ; O=17 ; G=15 ; I=13 ; W=12 ; F=11 ; Y=7 ; U=6 ; N=5, etc. Comme toujours, une lettre se détache. C'est le V, qui revient 35 fois dans le texte. C'est donc, selon toutes probabilités, un « e » Ensuite, les lettres les plus fréquentes reviennent une vingtaine de fois, sans qu'on puisse les départager (le texte est trop court pour cela...). Ce sont des « a », des « s » ou des « o », mais à ce stade nous n'en savons pas plus. Plaçons donc le « e » dans le texte. A priori, tout cela reste mystérieux. Pourtant un mot permet d'avancer, le dernier de la première ligne : GVIIV soit « _e__e » Deux « e » et une consonne redoublée entre eux. Ce peut être « celle », « telle », « belle », « renne », « terre », « nette », « cette », « pelle », etc. Il y a apparemment beaucoup de possibilités. Comment savoir ? Grâce aux petits mots ! Si par exemple on trouve un « e », c'est probablement « et » ou « en », puisque « ex » et « es »

Solution VIII (suite)

sont rares. Or nous trouvons à la troisième et à la dixième ligne les deux petits mots que nous cherchons : VM puis VG, c'est à dire « en » et « et ». Ou l'inverse... Comment savoir ? Admettons un instant que VM égale « et » et VG égale « en ». Dans ce cas, G est mis pour « n ». Le mot de la première ligne, « GVIIV », s'écrit donc : « ne___e », qui n'est pas « nette », puisque « t » égale M. Or il n' y a pas d'autre mot possible que « nette ». Il faut donc inverser : VM égale « en » et VG égale « et ». Nous savons ainsi que G égale « t ». Alors le mot de la première ligne est « terre » ou « telle ». Lequel ? Si I égale « l », on doit le retrouver dans plusieurs petits mots (pour « la », « le »...) Tel n'est pas le cas. Le I n'est jamais dans un petit mot. Donc, selon toutes probabilités, ce n'est pas un « l » mais un « r ». Si nos suppositions sont exactes (en tout cas, elles sont très vraisemblables), le mot « GVIIV » veut dire « terre ». Essayons les deux lettres que nous venons de gagner, le « t » pour G et le « r » pour I. Un mot attire notre attention : X'VHG, soit « _'e_t » qui est probablement mis pour « c'est » ou « l'est » ou « m'est » ou encore « n'est » (certes on peut penser à « m'eut » ou « l'eut » mais c'est une forme plus rare). Nous avons en

Solution VIII (suite)

principe gagné le « s », que nous plaçons aussitôt dans le texte. Un autre mot mérite alors un détour, à la dernière ligne : HVIZ, soit, avec les lettres que nous avons déjà : « ser_ » Trois possibilités : « sera », « serf » ou « sert » Le « t » est exclu puisque nous l'avons déjà, quant au « f » il est impossible : le « z » se retrouve dans plusieurs petits mots. C'est forcément un « a » À partir de là tout est simple. Nous avons par exemple le mot de l'avant dernière ligne, O'RMGVIMZGRLMZOV, qui devient : « _'_nternat__na_e », soit « l'Internationale » Eh oui, ce texte mystérieux est l'un des plus célèbres du monde : l'hymne de l'Union Soviétique, l'acteur principal de la guerre froide avec les États-Unis... Debout ! les damnés de la terre Debout ! les forçats de la faim La raison tonne en son cratère : C'est l'éruption de la fin Du passé faisons table rase Foule esclave, debout ! Debout ! Le monde va changer de base : Nous ne sommes rien, soyons tout ! C'est la lutte finale Groupons nous et demain L'Internationale Sera le genre humain. On remarquera au passage que l'alphabet qui sert à crypter le texte est la simple inversion de l'alphabet normal : abc d e f ghi j k lmnopqrs tuvwxyzzyxwvut srqponmlkji hg f e d cba.

Solution VIII (suite)

W V Y L F G ! O V H W Z N M V H W V O Z G V I I V
□E□□□□ ! □E□ □□□□□E□ □E □□ □E□□E

W V Y L F G ! O V H U L I X Z G H W V O Z U Z R N
□E□□□□ ! □E□ □□□□□□□ □E □□ □□□□

O Z I Z R H L M G L M M V V M H L M X I Z G V I V
□□ □□□□□□ □□□□E E□ □□□ □□□□E□E

X ' V H G O ' V I F K G R L M W V O Z U R M
□'E□□ □'E□□□□□□□ □E □□ □□□

W F K Z H H V U Z R H L M H G Z Y O V I Z H V
□□ □□□□E □□□□□□□ □□□□E □□□E

U L F O V V H X O Z E V , W V Y L F G ! W V Y L F G !
□□□□E E□□□□□E, □E□□□□ ! □E□□□□ !

O V N L M W V E Z X S Z M T V I W V Y Z H V
□E □□□□E □□ □□□□□E□ □E □□□E

M L F H M V H L N N V H I R V M H L B L M H G L F G !
□□□□ □E □□□□E□ □□E□ □□□□□□ □□□□□

X ' V H G O Z O F G G V U R M Z O V
□'E□□ □□ □□□□E □□□□□E

T I L F K L M H M L F H V G W V N Z R M
□□□□□□□□ □□□□ E□ □E□□□□

O ' R M G V I M Z G R L M Z O V
□'□□□E□□□□□□□□□E

H V I Z O V T V M I V S F N Z R M
□E□□ □E □E□□E □□□□□□

SOLUTION IX

Il fallait bien sûr commencer par appliquer la méthode de la transposition : c'est-à-dire remettre les lignes en colonnes. Mais le sens n'apparaîtra pas pour autant tout de suite car le message a été l'objet d'un double encodage. Procédons : ZWXIR DNTXI IXXGI MWSZX WGUXW NGXWS XUGS§ GKKX§ MRSQ§ RNUR§
Le message devient :

Z	D	I	M	X
W	N	X	W	G
X	T	X	S	U
I	X	G	Z	X
R	I	I	X	W

Puis :

N	X	G	M	R
G	U	K	R	N
X	G	K	S	U
W	S	X	Q	R
S	§	§	§	§

Z D I M X W N X W G X T X S U I X G Z X

R I I X W N X G M R G U K R N X G K S U

W S X Q R S § § § §

Solution IX (suite)

Les quatre derniers caractères sont manifestement là pour compléter un des rectangles. Ils ne comptent pas. Trouvons d'abord le « e ». C'est indubitablement le X, la lettre qui revient le plus souvent. La difficulté consiste bien sûr à reconstituer les mots puisque la transposition a changé leur découpage pour en faire des groupes de cinq lettres. Tâche pratiquement impossible si nous n'avions un indice. Relisons l'énoncé : il est fort possible que le dernier mot de la phrase soit « fin » : l'énoncé insiste là-dessus de manière évidente. Plaçons donc les caractères que nous venons de déduire, le « e », le « f », le « i » et le « n ».

Z D I M X	W N X W G	X T X S U	I X G Z X
□ □ □ □ E	□ □ E □ □	E □ E N □	□ E □ □ E
R I I X W	N X G M R	G U K R N	X G K S U
I □ □ E □	□ E □ □ I	□ □ □ I □	E □ □ N □
W S X Q R	S		
□ N E F I	N		

Nous avons le dernier mot, nous savons donc où finit l'avant dernier. Il se termine par « ne ». Nous pouvons supposer qu'il s'agit du mot « une », qui précède logiquement le mot « fin ». Ce n'est pas sûr mais probable. Il faut essayer. On peut alors compléter le texte.

Solution IX (suite)

Z D I M X   W N X W G   X T X S U   I X G Z X
_ _ _ _ E   U _ E U _   E _ E N _   _ E _ _ E
R I I X W   N X G M R   G U K R N   X G K S U
I _ _ E U   _ E _ _ I   _ _ _ I _   E _ _ N _
W S X Q R   S
U N E F I   N

Le mot qui précède « une » se termine par « n » suivi d'une autre lettre. Il y a là une possibilité. Les lettres suivantes, en effet, sont les plus cohérentes avec cette fin de mot : « c » (comme dans « donc »), « a » (comme dans « tourna »), « d » (comme dans « quand »), « g » (comme dans « sang »), « s » (comme dans « sans »), ou enfin « t » (il peut alors s'agir d'un verbe conjugué ou d'un adverbe se terminant par «... nt ») Le « a », le « c », le « s », le « d » et le « g » sont possibles mais le « t » est le plus probable : on finit souvent les verbes au pluriel par « nt ». Essayons.

Z D I M X   W N X W G   X T X S U   I X G Z X
_ _ _ _ E   U _ E U S   E _ E N T   _ E S _ E
R I I X W   N X G M R   G U K R N   X G K S U
I _ _ E U   _ E S _ I   S T O I _   E S O N T
W S X Q R   S
U N E F I   N

Solution IX (fin)

Il est possible que le « nt » finisse un long verbe ou un adverbe. Dans ce cas, la chose deviendrait très ardue. Mais il peut aussi s'agir du verbe conjugué « ont », qui aboutit à l'expression « ont une fin », qui paraît vraisemblable. Essayons encore :

Z D I M X   W N X W G   X T X S U   I X G Z X
_ _ _ _ E   U _ E U _   E _ E N T   _ E _ _ E
R I I X W   N X G M R   G U K R N   X G K S U
I _ _ E U   _ E _ _ I   _ T O I _   E _ O N T
W S X Q R   S
U N E F I   N

Toujours par déduction, on peut supposer que le mot précédant « ont » est au pluriel et qu'il se termine donc par un « s ». Le « g », donc, serait un « s ».

Z D I M X   W N X W G   X T X S U   I X G Z X
_ _ _ _ E   U _ E U S   E _ E N T   _ E S _ E
R I I X W   N X G M R   G U K R N   X G K S U
I _ _ E U   _ E S _ I   S T O I _   E S O N T
W S X Q R   S
U N E F I   N

À partir de là, les mots se devinent beaucoup plus facilement. Celui qui précède « ont » est à coup sûr « histoires » et le premier, qu'on reconnaît en filigrane, « malheureusement ». On aboutit alors à ce triste message, qu'accompagnent nos remerciements pour nous avoir accompagnés dans ce long voyage : « Malheureusement, les meilleures histoires ont une fin ».

Table des matières

Crédit photographique

Page 16 : © akg-images.
Pages 18 et 19 : © Hergé/Moulinsart 2008.
Pages 20 à 27 : © akg-images.
Page 28 : © UNIVERSAL PICTURES/ALBUM/AKG.
Page 34 : © Mary Evans/Rue des Archives.
Page 36 : © akg-images.
Pages 38 et 39 : © Mary Evans/ Rue des Archives.
Page 41 : © akg-images.
Page 43 : © DR.
Page 45 : © Mary Evans/Rue des Archives.
Page 52 : © Rue des Archives/ Collection Grégoire.
Page 54 : © akg-images.
Page 55 : © Archives nationales d'Angleterre.
Pages 56 à 59 : © akg-images.
Page 60 : © DR.
Page 61 : © Archives nationales d'Angleterre.
Page 62 : © akg-images.
Page 63 : © DR.
Page 65 : © akg-images.
Page 70 : © akg-images/Erich Lessing
Page 72 : © akg-images.
Page 76 : © BnF/Gallica.
Page 79 : © BnF/Gallica.
Page 80 : © akg-images/VISIOARS.
Page 88 à 90 : © akg-images.
Page 92 : © DR.
Page 94 : © Rue des Archives/Tal.
Pages 97 à 100 : © BnF/Gallica.
Page 106 : © The Granger Collection NYC/Rue des Archives.
Page 108 : © Mary Evans/Rue des Archives.
Page 109 : © Rue des Archives/Tal.
Page 112 : © Mary Evans/Rue des Archives.
Page 116 : © akg-images.
Page 119 : © Mary Evans/Rue des Archives.
Pages 124 à 126 : © akg-images.
Pages 129 à 131 : © Rue des Archives/ BCA.
Page 133 : © The Granger collection NYC/Rue des Archives.
Page 135 : © DR.
Page 142 : © The Granger Collection NYC/Rue des Archives.
Page 144 : © CORBIS/Bettmann
Page 147 : © akg-images/Werner Forman ; © akg-images.
Page 148 : © The Granger Collection NYC/Rue des Archives ; © Rue des Archives/Varma.
Pages 150 et 151 : © Rue des Archives/Tal.
Page 153 : © Joseph Scwartz/CORBIS.
Page 160 : © Mary Evans/Rue des Archives.
Page 162 : © Suddeutsche Zeitung/Rue des Archives.
Page 163 : © Rue des Archives/Tal.
Page 164 : © DR.
Page 165 : © akg-images/ullstein bild.
Page 166 : © Rue des Archives/Tal.
Pages 169 à 171 : © Suddeutsche Zeitung/ Rue des Archives.
Page 176 : © Suddeutsche Zeitung/Rue des Archives.
Page 178 : © The Granger Collection NYC/Rue des Archives ; © Mary Evans/Rue des Archives.
Page 181 : © Magnus Manske.
Page 182 : © Suddeutsche Zeitung/Rue des Archives.
Pages 184 et 185 : © DR.
Page 187 : © Crown copyright.
Page 189 : © DR.

Ouvrage publié sous la direction de
Sophie Charnavel

Assistée de
Virginie Fuertes

Direction artistique et graphique :
Isabelle Dupont

Just Colour Graphic

Achevé d'imprimer

Imprimé en Espagne

Dépôt légal : mai 2009
ISBN : 978-2-35076-082-7